BASEBALL TACTICS

はじめに

　どんなスポーツでも、基本的な技術をしっかり身につけることはとても重要です。それは、野球でも同じこと。小学生のころから野球をはじめて、高校や大学、社会人野球やプロ野球を経て、JX―ENEOS野球部の監督になった今でも、基本の徹底にはこだわっています。

　しかし、試合で勝って、大会で優勝しようと思うのであれば、技術だけでは十分とはいえません。大会優勝を狙うトップクラスのチームは、どこもしっかりした技術を身につけているからです。そこで必要になるのが、戦術・戦略になります。

　野球は1イニングごと、さらにいえば、1球ごとに試合の展開が変わるスポーツです。ボールカウントや得点、打順や守備、出塁、自チームや相手チームの選手の状態など、さまざまな条件の組み合わせが、いくつも考えられます。

　こうしたなかで、本書では、あえて攻撃時の戦い方・戦術を取り上げました。私自身、日ごろから、積極的に攻める野球を心がけ、その戦い方を考えているからです。

　そして、戦術には判断力と、チームワークが必要です。次々に変わっていく状況を冷静に判断することで、戦術が立てられます。選手と監督、選手同士が信頼し、協力し合うことで、立てた戦術を実践できるのです。戦術が決まったとき、野球への理解と面白さ、醍醐味が味わえるでしょう。

　前述したとおり、さまざまな状況が生まれてくるスポーツが野球です。みなさんのチームが直面した試合中の場面で、本書の内容が少しでもお役に立てば幸いです。

本書の使い方

本書は最初から読み進めるべき解説書ではありません。各戦術が見開き完結となっており、みなさんの知りたい・習得したい項目を選んで、読み進めることができます。

各戦術は、それぞれ重要な3つの「ツボ」で構成され、習得のコツをわかりやすく解説しています。

コツがわかるから覚えやすい。覚えやすいから身につきやすい。ぜひ、習得した戦術を、自チームの試合に役立ててください。

コレが直る

そのテクニックを修得することで、何がよくなるのか、修正されるのかがわかります。

本文

掲載しているコツの概要を紹介しています。テクニックを使用する場面などを整理することができます。

効くツボ

『効くツボ』3つをさらに短く表現。ここさえおさえれば、テクニック習得はもう目前です。

コツ No.
50項目の重要テーマを掲載。すべてを自分のものにし、レベルアップを目指してください。

コツ No.02 ▶無走者での戦術・揺さぶり
クロスゲームの後半ではセフティやプッシュバントを試みる

コレが直る 試合の流れを変えたいときのやり方として、バントの戦術が理解できる。

アウトに終わっても揺さぶることができる

0対0で後半に突入するなど、試合がこう着状態になったとき、あるいは、相手投手を打ち崩せないときは、試合の流れを変えなければいけない。

一番有効なのはホームランだが、たやすく打てるものではない。打者はまず、出塁することを考える。粘って四球を選ぶのもひとつの方法だが、**試みたいのが、セフティバントであり、プッシュバントである**。たとえアウトに終わっても、相手投手や、野手陣を**揺さぶることができる**。

効くツボ
1. 成功しやすいゾーンに転がす
2. 相手野手の反応を頭に入れる
3. 構えだけでも効果がある

※本書は2010年発行の『試合で勝つ！ 野球 最強の戦術 攻撃編』を元に加筆・修正を加えたものです。

―― **タイトル**
具体的なタイトルで、知っておきたいコツが一目瞭然。どこからでも読み進められます。

効くツボ 1・2・3
3つの『ツボ』を詳しく、わかりやすく掲載しています。しっかり身につけ、早い習得を目指してください。

無走者、走者1塁の場面での戦術

効くツボ 1
相手の守備力を踏まえ、成功しやすいゾーンに転がす

セフティバントやプッシュバントにトライするには、事前準備が必要だ。投手のフィルディングはどうか、三塁手のダッシュ力はどうかなど、試合を見ながら頭に入れ、そのうえで一番成功しやすいゾーンを狙って転がす。むろん、打球コントロール技術も必要となる。

効くツボ 2
構えをしたときの、相手野手の反応を頭に入れる

一度、セフティバントやプッシュバントの構えをすると、どうしても相手野手に警戒されるので、次に実行したときの成功確率は低くなる。しかし、構えたとき、投手や野手の反応が悪ければ、再トライしてみる。そのためにも、相手の反応をよく見ることが大事だ。

効くツボ 3
制球力が悪い投手の場合は、構えだけでも効果的

試合展開やイニングに関わらず、相手投手の制球力が悪いと見たら、セフティバントやプッシュバントの構えをして揺さぶってみる。投手をさらに追い込めるだけなく、制球力が悪い投手の影響で、守る時間が長くなっている相手野手を、より消耗させることもできる。

やってみよう
目印を置くなどして練習
セフティバントやプッシュバントは、アイデアだけでは成功しない。ポイントはどこに転がすか。しっかり打球コントロールができるよう、目印を置くなどして練習してみよう。

できないときはここをチェック ☑
セフティやプッシュバントの、成否のひとつのカギとなるのが、バットの角度。失敗したときは、周りの選手にどうなっていたか確認してみる。

Let's やってみよう
掲載された内容が身についたら、さらなるレベルアップを目指し、ここに掲載されている内容にもチャレンジしてみてください。

できないときはここをチェック
やってみてもなかなかうまくいかない。そんな時はここを読んでみてください。落ち入りやすいミスを掲載しています。

戦術を実行する前に理解しておきたいこと
監督と選手の共同作業が戦術
お互いの理解と日ごろから実戦練習を

具体的な内容に入る前に、そもそも戦術とはなんなのか、
どのように考えて、活かしていけばいいのか、基本的な考え方にふれてみる。
選手と監督が一丸となって、試合に勝つために戦術を正しく理解して、
日ごろの練習や試合に臨んでほしい

野球に戦術が必要な理由とは

　全員が常に4打数4安打を打てるなら、攻撃の戦術は必要ない。サイン無しでも打線はつながるし、そもそもバッターは自由に打ちたいもの。しかし、実際の試合では1点のせめぎ合い。だから、戦術が必要になってくるのだ。

　戦術を考える前に、まず把握しておく必要があるのが、自チームの戦力。それぞれの選手の得手不得手や性格、さらには調子をつかんだうえで、戦術を立てる。たとえ監督が実践したい戦術であっても、選手に合っていない戦術では機能しない。

　その一方で、監督は相手チームもつかんでおかなければならない。なぜなら、相手チームの特徴によって、戦術が変わってくるからだ。データ分析も戦術を立てるときのヒントになるが、情報に流されてはいけない。試合当日の状態と異なることもあるので、ヒントにとどめるのがベターである。

監督は戦術を考える前に、まず自チームの状態をしっかりつかんでおかなければならない。

選手が体現しなければ戦術は成功しない

戦術は、結果が出て初めて、戦術となる。戦術が決まれば嬉しいものだが、監督はそれに酔ってはいけない。戦術を考えたのは監督でも、それを体現したのは選手。戦術とは両者の共同作業によって成り立っているからだ。

加えて、サインを出すことが目的になってはいけない。サインは、あくまでも戦術を伝えるための手段にしか過ぎない。本書でもふれているが、選手にとってわかりやすく、相手チームにとってはわからないサインでなければならない。監督はこれらを忘れて、独りよがりになってはいけない。

どんな戦術も練習と準備が重要

戦術は、オーソドックスなものもあれば、奇襲作戦もあり、その数は多い。そして、その全てが用いられる可能性がある。ただいずれも、いきなり試合で実行しても、なかなか成功しない。ケースを想定しながら、実戦練習を重ね、しっかり準備することが重要である。

また、試合では、ただ戦術を遂行するのではなく、監督の意図がどこにあるのか踏まえることが、選手には求められる。

どんな戦術も練習を重ねなければ、試合で成功しない。

野球　最強の戦術
試合で勝てる走打のコツ

はじめに ……………………………… 2
本書の使い方 ………………………… 4
戦術を実行する前に理解しておきたいこと ……… 6

PART 1　無走者、走者1塁の場面での戦術

試合の主導権を握り、チームに勢いをつける。
初球から積極的に打ち、相手に揺さぶりをかける

コツ No. 01 無走者での戦術・待球
いたずらに待球せずに積極的に
最初のストライクに対応 ……… 12

コツ No. 02 右手のひらをミットに向ければ
クロスゲームの後半では
セフティやプッシュバントを試みる ……… 14

コツ No. 03 無走者での戦術・打席での工夫
打席での立ち位置を
変え工夫をすることで投手を攻略 ……… 16

コツ No. 04 無死あるいは1死1塁での戦術・送りバント（考え方）
走者を進める送りバントは
主導権を握るための手堅い戦術 ……… 18

コツ No. 05 無死あるいは1死1塁での戦術・送りバント（実践）
送りバントを初球で決めれば
チームに勢いとリズムが生まれる ……… 20

コツ No. 06 無死あるいは1死1塁での戦術・ヒット＆ラン
リスクが高いヒット＆ランは
競った試合の後半で用いる ……… 22

コツ No. 07 無死あるいは1死1塁での戦術・ラン＆ヒット
ラン＆ヒットは選手間で実行
走者と打者とのアイコンタクトで ……… 24

コツ No. 08 無死あるいは1死1塁での戦術・バスター
送りバントのサインには
バスター対応も含ませる ……… 26

コツ No. 09 無死あるいは1死1塁での戦術・盗塁
盗塁は意図をもって走れ
成否の結果は問わない ……… 28

コツ No. 10 無死あるいは1死1塁での戦術・走者の心構え
投手を揺さぶりながら
1つでも先の塁を目指す ……… 30

PART 2　走者2塁、もしくは3塁での戦術

プレーのメリットとデメリットをおさえる。
その上で、得点につながる進塁を狙う

コツ No. 11 無死あるいは1死2塁での戦術・送りバント（打者）
ボール気味でもバントし強めに
3塁方向へ転がす ……… 34

コツ No. 12 無死あるいは1死2塁での戦術・送りバント（走者）
走者は飛び出しに
気をつけスタートを早くする ……… 36

コツ No. 13 無死あるいは1死2塁での戦術・バント＆ラン
多用する戦術ではないが
バントが得意な打者のときは有効 ……… 38

コツ No. 14 無死あるいは1死2塁での戦術・進塁打
進塁打はゴロでOKではなく
あくまでもヒットを狙う ……… 40

CONTENTS

コツ No. 15 無死あるいは1死、2死2塁での戦術・三盗
成功確率100%の根拠があれば
選手の判断で実行する……… 42

コツ No. 16 無死あるいは1死2塁での戦術・走者の状況判断
2塁走者は視野を広くして
ワンヒットでホームへ還る……… 44

コツ No. 17 無死あるいは1死3塁での戦術・スクイズ（考え方）
スクイズはリスクが大きく
デメリットも生じる戦術と心得る……… 46

コツ No. 18 無死あるいは1死3塁での戦術・スクイズ（実践）
スクイズは試合終盤の
何とか1点が欲しい場面で実行……… 48

コツ No. 19 無死あるいは1死3塁での戦術・犠牲フライ
犠牲フライは引きつけて
ボールに負けずに反対方向へ打つ……… 50

コツ No. 20 無死あるいは1死3塁での戦術・走者の状況判断
ゴロGOかゴロストップか選手の
判断ではなくベンチの指示で……… 52

PART 3 複数の走者が出塁しているときの戦術
前向きな気持ちと冷静な状況判断が必要。
相手のミスを誘う頭脳プレーも駆使する

コツ No. 21 1塁2塁での戦術・1塁走者の状況判断(1)
打球と前の走者をよく見て
無用な飛び出しに気をつける……… 56

コツ No. 22 1塁2塁での戦術・1塁走者の状況判断(2)
オーバーランを偽装して
ランダウンプレーのあいだに得点……… 58

コツ No. 23 1塁2塁での戦術・2塁走者の状況判断
捕手が1塁けん制したときに
2塁走者が3塁を狙う……… 60

コツ No. 24 無死1塁2塁での戦術・送りバント
初球に狙いを定めて確実に
三塁手に捕らせる……… 62

コツ No. 25 無死1塁2塁での戦術・バスター＆ラン
バントシフトを利用して
バスターで好機を広げる……… 64

コツ No. 26 1死あるいは2死1塁2塁での戦術・ヒット＆ラン
試合の流れを変えたいときに
リスク覚悟のうえで実行する……… 66

コツ No. 27 無死あるいは1死1塁3塁での戦術・セフティスクイズ
打者はストライクだけを
1塁方向へ転がす……… 68

コツ No. 28 1死あるいは2死1塁3塁での戦術・ダブルスチール
どうしても1点が欲しくて
打者に期待できないときに行う……… 70

コツ No. 29 無死あるいは1死1塁3塁での戦術・偽装スクイズでの2塁スチール
スクイズ失敗を装って
1塁走者が単独盗塁を決める……… 72

コツ No. 30 1塁3塁での戦術・ディレードスチールによるダブルスチール
わざと1塁走者が挟まれて
その間に3塁走者が本塁を狙う……… 74

コツ No. 31 無死あるいは1死1塁3塁での戦術・ヒット＆ラン
1塁走者と打者とで行い
3塁走者は打球判断を慌てずに……… 76

コツ No. 32 無死あるいは1死2塁3塁での戦術・2ランスクイズ
難度が高い戦術なので
実行するときは状況を見極める……… 78

コツ No. 33 無死あるいは1死2塁3塁での戦術・走者の状況判断(1)
リードオフを大きくとれるので
内野ゴロならスタートを切る……… 80

コツ No. 34 無死あるいは1死2塁3塁での戦術・走者の状況判断(2)
2塁走者は積極性に加えて
打球判断の精度がポイント……… 82

CONTENTS

コツ No. 35 無死あるいは1死満塁での戦術・ヒッティング
打者はあくまでも前向きに
最高の場面での打席ととらえる 84

コツ No. 36 無死あるいは1死満塁での戦術・スクイズ
満塁でも条件が揃っていれば
スクイズで1点を取りにいく 86

コツ No. 37 無死あるいは1死満塁での戦術・走者の状況判断
判断が難しい1塁、2塁走者は
視野を広く持つようにする 88

PART 4 チームや状況に応じた戦術

選手の意思統一と協力があって、戦術は成り立つ。
さまざまな状況下で、勝つための工夫を知る

コツ No. 38 モチベーションを高める
ミスをしてもチャンスを
与えいいプレーは必ずほめる 92

コツ No. 39 チーム作り
チームが目指す野球を明確にして
精神的な支柱になる選手を主将にする 94

コツ No. 40 打順を決める
打順に適した選手を配置して
つながりのある打線を作る 96

コツ No. 41 サインの考え方(1)
先々の展開を予想しながら、
確率の高い戦術をサインで伝える 98

コツ No. 42 サインの考え方(2)
サインは選手に分かりやすく、
相手に分かりにくいものにする 100

コツ No. 43 サインの出し方(1)
フラッシュとブロックの
2種類のサインを活用する 102

コツ No. 44 サインの出し方(2)
アンサーは出さないで
アイコンタクトで確認する 104

コツ No. 45 悪天候に対応する戦術
その日の天候状況を把握して
どんなコンディションも利用する 106

コツ No. 46 代打起用の戦術
代打で力を発揮する選手を見極め
もっともふさわしい場面で起用する 108

コツ No. 47 投手を攻略する戦術(速球投手)
毎回同じスタイルで打たないで
工夫を試みることが大事 110

コツ No. 48 投手を攻略する戦術(変化球投手)
得意球を狙うか見逃すかは
チームで決めるのがベター 112

コツ No. 49 投手を攻略する戦術(左投手)
セオリーをあてはめないで
裏付けを踏まえて、選手を起用 114

コツ No. 50 選手交代の戦術
交代のタイミングを見誤らず
適任の選手をリリーフとして送る 116

わかるようで
わからない野球用語 118

コラム 知っているとひとつトクをする
指揮官とは 監督に求められる5つのポイント 32
一流を目指す トップ選手になるための5つのポイント 54
全国制覇 日本一になるための5つのポイント 90

PART 1

待球、揺さぶり、送りバント、盗塁

無走者、走者1塁の場面での戦術

試合の主導権を握り、チームに勢いをつけるためにも
打者は初球から積極的に打ち、走者は相手に揺さぶりをかける

コツNo.		
01	無走者での戦術・待球 いたずらに待球せずに 積極的に最初のストライクに対応	12
02	無走者での戦術・揺さぶり クロスゲームの後半では セフティやプッシュバントを試みる	14
03	無走者での戦術・打席での工夫 打席での立ち位置を変え 工夫をすることで投手を攻略	16
04	無死あるいは1死1塁での戦術・送りバント(考え方) 走者を進める送りバントは 主導権を握るための手堅い戦術	18
05	無死あるいは1死1塁での戦術・送りバント(実践) 送りバントを初球で決めれば チームに勢いとリズムが生まれる	20
06	無死あるいは1死1塁での戦術・ヒット&ラン リスクが高いヒット&ランは 競った試合の後半で用いる	22
07	無死あるいは1死1塁での戦術・ラン&ヒット ラン&ヒットは選手間で実行 走者と打者とのアイコンタクトで	24
08	無死あるいは1死1塁での戦術・バスター 送りバントのサインには バスター対応も含ませる	26
09	無死あるいは1死1塁での戦術・盗塁 盗塁は意図をもって走れ 成否の結果は問わない	28
10	無死あるいは1死1塁での戦術・走者の心構え 投手を揺さぶりながら 1つでも先の塁を目指す	30

コツ No.**01** ▶無走者での戦術・待球

いたずらに待球せずに積極的に最初のストライクに対応

初球から打っていく積極的な戦術が理解できる。

狙い球でなければ、簡単に手を出さない

単調な攻撃は避けたいものの、回が浅いにも関わらず、初球から「待て」のサインを送るのは、必ずしも有効な戦術とはいえない。その結果、相手投手がリズムに乗ることもあるし、そもそも、打者は好きな球であれば"打ちたい"からだ。投手に球数を投げさせようと待球するよりも、**打順の一回り目から相手投手のファーストストライクに対応するのが理想**。ただし、狙い球でなければ、簡単に手を出さないことも大事だ。

効くツボ
1. 初球から「待て」のサインは出さない
2. 打つのはあくまでも自分の狙い球だけ
3. 制球が悪い投手なら、ゾーンを絞る

無走者、走者1塁の場面での戦術

効くツボ 1
初球から「待て」のサインは出さない

簡単に3人で終わる単調な攻撃は避けたい。だが、相手投手の制球がよくないなど、明確な理由もないのに、初球から「待て」のサインを出すのは、得策とはいえない。回が浅いならなおさらだ。それよりも最初のストライクにしっかり対応することの方が大事である。

効くツボ 2
打つのはあくまでも自分の狙い球だけにする

最初のストライクに対応することは重要だが、絶対に避けなければならないのが、初球を簡単に打ち上げること。狙い球でもないのに思わず手を出してしまうと、凡打になる確率が高くなる。カーブを待っているなら、甘いストレートが来ても、見逃すようにする。

効くツボ 3
制球が悪い投手の場合は、打つゾーンを小さく絞る

最初のストライクが狙い球であれば、打ちにいくようにするが、相手投手の制球がよくない場合は、対応するゾーンを小さく絞り、そのボールが、自分の得意なゾーンでなければ、打ちにいかない。制球が悪い投手は、次にもっと打ちやすい球が来る確率が高いからだ。

やってみよう
狙い球を決める

最初のストライクに的を絞るときは、思い込みでこのボールを打つと決めないで、前の打席での初球がどんな球だったかのかも振り返りながら、狙い球を決めてみよう。

できないときはここをチェック ✓

最初のストライクに対応できない理由が、消極的になっているといったメンタルの問題か、あるいは技術の問題なのかチェックする。

コツ No.02 ▶無走者での戦術・揺さぶり

クロスゲームの後半では
セフティやプッシュバントを試みる

コレが直る 試合の流れを変えたいときのやり方として、バントの戦術が理解できる。

アウトに終わっても揺さぶることができる

　0対0で後半に突入するなど、試合がこう着状態になったとき、あるいは、相手投手を打ち崩せないときは、試合の流れを変えなければいけない。

　一番有効なのはホームランだが、たやすく打てるものではない。打者はまず、出塁することを考える。粘って四球を選ぶのもひとつの方法だが、**試みたいのが、セフティバントであり、プッシュバントである。** たとえアウトに終わっても、相手投手や、野手陣を**揺さぶることができる。**

効くツボ
1. 成功しやすいゾーンに転がす
2. 相手野手の反応を頭に入れる
3. 構えだけでも効果がある

無走者、走者1塁の場面での戦術

効くツボ 1

相手の守備力を踏まえ、成功しやすいゾーンに転がす

セフティバントやプッシュバントにトライするには、事前準備が必要だ。投手のフィルディングはどうか、三塁手のダッシュ力はどうかなど、試合を見ながら頭に入れ、そのうえで一番成功しやすいゾーンを狙って転がす。むろん、打球コントロール技術も必要となる。

効くツボ 2

構えをしたときの、相手野手の反応を頭に入れる

一度、セフティバントやプッシュバントの構えをすると、どうしても相手野手に警戒されるので、次に実行したときの成功確率は低くなる。しかし、構えたとき、投手や野手の反応が悪ければ、再トライしてみる。そのためにも、相手の反応をよく見ることが大事だ。

効くツボ 3

制球力が悪い投手の場合は、構えだけでも効果的

試合展開やイニングに関わらず、相手投手の制球力が悪いと見たら、セフティバントやプッシュバントの構えをして揺さぶってみる。投手をさらに追い込めるだけなく、制球力が悪い投手の影響で、守る時間が長くなっている相手野手を、より消耗させることもできる。

目印を置くなどして練習

セフティバントやプッシュバントは、アイディアだけでは成功しない。ポイントはどこに転がすか。しっかり打球コントロールができるよう、目印を置くなどして練習してみよう。

できないときはここをチェック ✓

セフティやプッシュバントの、成否のひとつのカギとなるのが、バットの角度。失敗したときは、周りの選手にどうなっていたか確認してみる。

コツ No.03 ▶無走者での戦術・打席での工夫
打席での立ち位置を変え工夫をすることで投手を攻略

 立つ位置を変えるだけで、メリットがあることを理解できる。

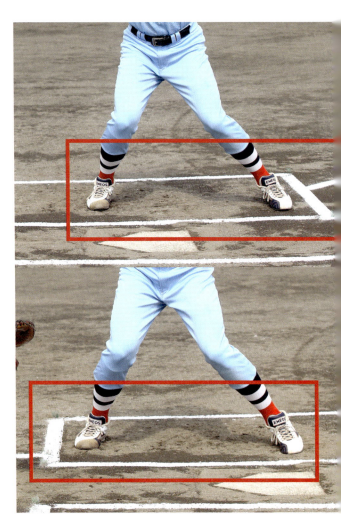

立ち位置によってメリットは異なる

どうしても相手投手を攻略できない時、打席での立ち位置を変えて打つ工夫も必要だ。

たとえば打席の前に立てば、1塁までの距離は縮まるため、**セフティやプッシュバントが成功する**確率がそれだけ高まる。打席の後ろに立てば、**変化球が見極めやすくなる。**いつも同じ場所で構えて打つのではなく、自分がどこに立てば、相手投手とタイミングが合いやすいか、打席の大きさを有効に活用することを、個人でも考える。

効くツボ
1. 打席の大きさを最大限に活用
2. 立ち位置を変えて揺さぶる
3. 全員同じ位置に立たない

効くツボ 1

バッターボックスの大きさを最大限に利用する意識を持つ

バッターボックスの大きさは、タテが1.829m、ヨコが1.219mある。中軸選手や安定した成績を残している選手はその必要はないが、それ以外の選手は、2打席同じ立ち位置で凡退したとしたら、次は位置を変えてみるなど、打席の大きさを最大限に活用する。

効くツボ 2

立ち位置を変えるだけで、相手捕手を揺さぶれる

打者の足元も観察している捕手は、前の打席と立つ位置が違えば、何か仕掛けてくるのではと考える。また、打席の前に立てば、野手もセフティを警戒する。このように、相手に考えさせることが野球では重要で、打席の立ち位置を変えるだけで、それができるのだ。

効くツボ 3

攻められやすくもなるので、全員が同じ位置に立たない

たとえば、調子がいい相手投手の球を見極めるため、打席の後ろに立つのもひとつの戦術だ。だが、ベンチからの指示で、全員が同じところで立つと、相手投手が投げにくくなって、攻略につながることもある半面、同じ配球パターンで打ち取られる可能性もある。

やってみよう
いろいろな立ち位置で打つ練習

試合のときにいきなり、立つ位置を変えて打つのは難しい。打撃練習のときから、いろいろな立ち位置で打つ練習をして、どこで打てばどの球が打ちやすいか把握しておこう。

できないときはここをチェック ☑

どんな打者にも自分が打ちやすい立ち位置はあるが、この立ち位置でなければ打てない、と思い込んでいると、試合での臨機応変な対応ができない。

コツ No.04 ▶無死あるいは1死1塁での戦術・送りバント（考え方）

走者を進める送りバントは主導権を握るための手堅い戦術

コレが直る なぜ、送りバントが多用される戦術かを、チーム全体で理解できる。

確実に走者を進められるのは成功確率が高い送りバント

試合の主導権を握るためには、まず、走者をスコアリングポジション（得点圏）に進めなければならない。

では、どうやって走者を進めるかと考えたとき、**一番成功する確率が高いのが送りバント**である。強行しても、ヒットで進められる確率は、高くても3割程度だが、**送りバントなら、成功確率は10割近い。**

イニングが何回であれ、点差が何点であれ、確実に1塁走者を2塁に進めたいときは、送りバントが適切な戦術である。

効くツボ
1. 送りバントは成功確率が高い
2. 中軸であってもサインは出す
3. 調子が良くても送りに徹する

無走者、走者1塁の場面での戦術

効くツボ 1

強打者の打率よりも、成功確率が高いのは送りバント

プロの世界では、3割打てば一流といわれる。試合数が少ないアマチュアはその限りではないが、それでもヒットが出る確率より、送りバントが成功する確率の方が、はるかに高い。ただし劣勢の場合は、大量得点を狙うために、打者が中軸であれば強行させる。

効くツボ 2

たとえ中軸打者であっても、送りバントのサインは出す

ツボ1で述べた通り、どんな強打者の打率よりも、送りバントの方が成功確率の方が高い。したがって、どうしても走者を送りたい場面では、躊躇なく中軸打者に送りバントのサインを出す。中軸打者も、いつバントのサインが出ても対応できるよう、練習をしておく。

効くツボ 3

どんなに打撃の調子が良くとも、チームプレーに徹する

中軸打者に限らず、打者は基本的に打ちたいものだ。調子が良ければなおさらである。だが、たとえ前の打席でホームランを打っていようが、送りバントのサインが出たなら、謙虚な気持ちで、チームプレーに徹する。その姿勢がチームのまとまりにもつながっていく。

やってみよう
送りバントの成功確率を出す

送りバントの重要性を選手たちに認識させるため、指導者は統計をとって、送りバントの成功確率を出してみよう。実際の数字を知ることで、選手たちの意識も高まる。

できないときはここをチェック ☑

選手が本当に送りバントの重要性を理解しているか、チェックしてみる。バント練習への取り組み姿勢を観察するのも、ひとつの方法だ。

コツ No.**05** ▶無死あるいは1死1塁での戦術・送りバント（実践）

送りバントを初球で決めれば
チームに勢いとリズムが生まれる

 コレが直る ケースに応じた送りバントの戦術を実践できる。

初球のストライクで
きっちり決めるのが基本

送りバントでは、あえて最初のストライクを見逃してみる。これは、相手のバントシフトを探るためであったり、相手に他の戦術の可能性もあると、思わせたりすることで、相手の動揺を誘うためだ。

だが、**送りバントの基本は最初のストライクできっちり決める**ことにある。

初球のストライクを空振りしたり、ファールすることなく、スムーズに決められれば、チームに勢いとリズムが生まれ、試合の流れがつかめる。

効くツボ
1. バントは腕ではなくヒザで行う
2. 1塁方向に転がす
3. 初球をあえて見逃す戦術もあり

無走者、走者1塁の場面での戦術

効くツボ 1

ボールとの距離をとりながら、ヒザでバントするイメージ

送りバントを成功させるためには、正しいバントの形を身に付けなければならない。腕だけでバントをしようとすると、上体が動き、目線もぶれてしまうので、上体は動かさず、ヒザでタイミングをとる。ボールとの距離をとりながら、ヒザでバントするイメージだ。

効くツボ 2

ボールを殺し過ぎないで、1塁方向に転がす

バントのときは打球を殺せとよくいわれるが、ボールを殺すにはテクニックが必要だ。殺し過ぎてしまうと、捕手に処理されてしまう。だから、送りバントのときは、三塁手がダッシュしてくる可能性が高いエリアは避け、1塁方向にボールを転がすようにする。

効くツボ 3

初球のストライクを見逃すと、相手は他の可能性を考える

コツでも触れた通り、送りバントでは、初球のストライクをあえて見逃す戦術もある。初球のストライクで決めるのがセオリーの中、見逃すと、相手は他の戦術の可能性を感じ、バントシフトが徹底できないこともある。とくにバントや小技が得意な選手が用いたい。

やってみよう
バントシフトが敷かれた中での練習

送りバントは、相手からプレッシャーをかけられる中で、成功させなければならない。バントシフトが敷かれた中でバントする、実戦に即した練習をやってみよう。

できないときはここをチェック ☑

送りバントを失敗したときは、腕だけでやって、上体や目線がぶれていなかったか、監督やコーチ、あるいはチームメイトに確認してみる。

コツ No.06 ▶無死あるいは1死1塁での戦術・ヒット&ラン

リスクが高いヒット&ランは競った試合の後半で用いる

コレが直る 効果的なヒット&ランを実践することでチームに活気を与える。

進塁打かヒット狙いか、指示を明確にする

無死、あるいは1死1塁でのヒット&ランは、**1、3塁の好機を作りたいときに用いる戦術**だ。競り合いの中の後半で決まれば、チームが活気づくが、**実際はリスクが高い。** とくに相手投手の制球が定まらないときは、戦術として機能しにくいので、サインを出す側は、まずこのことを認識すること。

また、ヒット&ランでは、とにかく転がせ、という場合もあるので、**転がすのか、ヒット狙いなのか、指示を明確にする**必要もある。

効くツボ
1. ストライクが予測できるときに実行
2. 空いたスペースを狙って打つ
3. あくまでもヒットを狙う

無走者、走者1塁の場面での戦術

効くツボ 1

次にストライクを投げてきそうなカウントで実行する

ゴロを転がすにしても、ヒットを狙うにしても、ストライクを打たなければ、ともに確率は低くなる。ボール球を空振りして、盗塁アウトになる可能性もあるので、実行するのは、1-2、1-3など、ストレート系で、ストライクを投げてきそうなカウントとする。

効くツボ 2

ベースカバーによって空くスペースを狙って打つ

ヒット狙いのときは、ベースカバーに入るのが遊撃手なのか、それとも二塁手なのかを想定し、それによって空くスペースを狙って打つ。これを実行するには、高い技術が求められる。それを備えていない選手は、とくにヒット狙いのヒット&ランには対応できない。

効くツボ 3

あくまでもヒット狙いで、1、3塁に好機を広げる

ヒット&ランでは、ゴロ打ちで進塁打を狙うケースもあるが、バントで送るよりもリスクがともなう。したがって、ヒット&ランは、ヒット狙いで、1、3塁に好機を広げたいときに用いた方がベターだ。打者はヒットになる確率が高いゾーンを頭に入れて、強い打球を打つ。

やってみよう
打者の調子を取り戻させる

調子が悪い選手にヒット&ランのサインを出すのも1つの戦術だ。ヒット&ランのサインが出れば、迷いなく思い切り打たなければならないので、打者の調子を取り戻させることができる。

できないときはここをチェック ☑

ヒット&ランを多用すると、相手に戦術パターンを読まれる場合がある。やみくもにヒット&ランのサインを出していないかどうかチェックする。

コツ No.07 ▶ 無死あるいは1死1塁での戦術・ラン＆ヒット
ラン＆ヒットは選手間で実行
走者と打者とのアイコンタクトで

> **コレが直る** 1塁走者と打者との判断で、状況に応じたラン＆ヒットが実践できる。

フライの場合、走者は速やかに帰塁する

　ランナーが走ったのを見てから打つラン＆ヒットは、結果としてヒット＆ランになる場合もあるが、基本的にベンチからのサインではなく、**足が速い1塁走者と打者との、アイコンタクトで行う。**

　打者は、ランナーのスタートがいい場合は、打つのを我慢、レイトスイングをするなどして、盗塁のサポート役に徹する。

　またランナーは、スタートがよくても、**打者がフライを打った場合は、すぐさま帰塁できるようにする。**

効くツボ
1. 走者は打者の打撃をしっかり見る
2. 打者は走者のスタートを確認する
3. 打者はレイトスイングでサポート

効くツボ 1

走者は打者のインパクトを
しっかり見る

ランナーはスタートがいいと、盗塁できると確信し、打者への注意が不十分になることがある。しかしこれでは、打者がフライを打ったときの帰塁が遅れてしまう。そうならないよう、ランナーはラン＆ヒットに関わらず、打者のインパクトをしっかり見る。

効くツボ 2

走者のスタートがよければ、
打者は打たない

走者のスタートがいい場合は、ラン＆ヒットでも、打者は打たないようにする。好きな球であれば、つい打ちたくなるが、それを我慢して、走塁を優先する。ベンチからのサインではなく、二人で交わしたものであっても、チームプレーに徹しなければならない。

効くツボ 3

変化球であれば、
レイトスイングでサポートする

走者のスタートがよく、しかも投球が変化球のときは、盗塁が成功する可能性が高い。この場合は、打者は打つのを我慢するのはもちろん、レイトスイングを行う。わざとバットをゆっくり振れば、捕手の送球のタイミングが遅れるので、盗塁をサポートできるのだ。

やってみよう
「次、ラン・エンド・ヒット」

チーム打撃を成功させるには、ふだんからそのための練習をする必要がある。「次、ラン・エンド・ヒット」と言葉にしてから打つなど、実戦的な打撃練習をしてみよう。

できないときはここをチェック ☑

打者がランナーのスタートが見えていたかどうかチェックしてみる。左打者の場合、右打者より視野が狭くなるので注意する。

コツ No.08 ▶無死あるいは1死1塁での戦術・バスター

送りバントのサインには
バスター対応も含ませる

> **コレが直る** 送りバントをバスター切り換えも含ませた戦術にできる。

極端なバントシフトを敷かれると、送りバントは成功しにくい

　無死、あるいは1死1塁で、もっとも手堅く走者を進められるのが、送りバントである。

　だが、相手が送りバントを予想し、極端なバントシフトを敷いてきた場合は、成功確率が低くなる。

　このケースで用いたいのが、バスターへの切り換えだ。選手の判断で行うのも1つの方法だが、相手の守備態勢しだいで**送りバントのサインをはじめから、自動的にバスターに変更しておけば、選手は対応しやすい。**

効くツボ
1. バントシフトには バスターで対応
2. バスターでは 打球をコントロール
3. バスター&ランは、 絶対に転がす

無走者、走者1塁の場面での戦術

効くツボ 1

極端なバントシフトには、バスターで対応する

相手が極端なバントシフトを敷いてきて、一塁手と三塁手が猛然とダッシュしてくるなかで、きっちり送りバントを決めるのは難しい。こういう場合は、十分に野手を引きつけてからバスターに切り換え、野手の頭を越すような、高いバウンドのゴロを打つようにする。

効くツボ 2

バスターでは打球コントロールが求められる

バントからバスターに切り換えたとき、求められるのが、打球コントロールだ。当たりがよくても、ダッシュしてきた野手の正面に飛べば、処理されてしまうからだ。バスターでは、野手の頭を越すようなゴロを打つか、2塁ベースカバーによって広がるエリアを狙う。

効くツボ 3

バスター&ランのときは、とにかく転がすようにする

送りバントのサインには、バスターでの対応も含まれているが、それとは別に、バスター&ランという戦術もある。ランナーはスタートを切るので、たとえ相手が外してきたとしても、空振りは禁物だ。どんなボールであっても、とにかくゴロを転がすようにする。

やってみよう
切り換えを遅らせる練習

バスターへの切り換えは、そのタイミングが早いと、相手に見破られてしまう。ヒットゾーンを広げるためにも、できるだけ切り換えを遅らせる練習をしてみよう。

できないときはここをチェック ✓

バスターへの切り換えが、相手に読まれてしまうと、バスターは成功しない。バントから切り換えるタイミングがどうだったかチェックしてみる。

コツ No.**09** ▶無死あるいは1死1塁での戦術・盗塁

盗塁は意図をもって走れ
成否の結果は問わない

> **コレが直る** 失敗を恐れずに、意図をもって盗塁のサインを出すことができる。

失敗を恐れては、盗塁はできない

　盗塁は成功すればチームに勢いがつくが、失敗すると、流れを手放しかねない結果になる。ただ、失敗を恐れていては、盗塁のサインは出せない。

　基本的に、足の速い走者には、盗塁実行の判断を本人に任せ、**ここは自重という場合のみ**、その**サインを送る。**

　そして、たとえば、捕球しにくいフォークの握りが見えたなど、**明確な意図があれば、失敗しても、よしと考える。**失敗を責めると、盗塁で一番必要な走る意欲が失われてしまう。

効くツボ
1. 足の速い選手は走る意欲をもつ
2. クセを盗んで、スタートを早く
3. スピードを落とさずに滑る

無走者、走者1塁の場面での戦術

効くツボ 1

足の速い選手は、いつでも走る意欲と勇気をもつ

足の速い選手は、1塁に出たなら、いつでも2塁へ盗塁する意欲と勇気をもつようにする。これがないと、たとえ足が速くても、盗塁はできない。足が速くない選手も、相手がさほど警戒しない分、スキがうまれやすいので、明らかにノーマークの場合は、トライする。

効くツボ 2

モーションのクセを盗んで、スタートを早くする

盗塁成功のカギとなるのが、投手のモーションを盗めるかどうか。これができれば、早くスタートが切れるから、成功する確率も高まる。投球に入るときと、けん制をするときの、モーションの違いはどこにあるかなど、相手投手のクセをベンチからもしっかり観察する。

効くツボ 3

スピードが落ちないスライディングをする

スタートを切ったら、3歩目くらいでトップスピードに入る。トップスピードを保ったまま2塁をめざし、ベースの2mほど手前から、スピードを落とさないで、スライディングをする。相手が後逸したらすぐに進塁できるよう、素早く立ち上がるのもポイントだ。

やってみよう
自分に合ったリードの大きさを知る

盗塁ではリードも重要になる。けん制されたとき、どこまでなら帰塁できるか、あるいは、最低どのくらいリードすれば盗塁できるかなど、自分にあったリードの大きさをつかんでみよう。

できないときはここをチェック ☑

走る意欲をもつのは大事だが、ただ走っても成功しない。アウトになったときは、選手が意図をもって走ったかどうか、指導者がチェックする。

コツ No.10 ▶無死あるいは1死1塁での戦術・走者の心構え

投手を揺さぶりながら 1つでも先の塁を目指す

> **コレが直る** 走塁に対する意識が高まり、積極的な走塁ができる。

意識を高くもつことが、走塁の戦術の第一歩

1塁ランナーは、送りバントなら確実に2塁を奪い、エンドランなら3塁を奪う走塁を心がける。

ただ、1塁走者は本塁から一番遠いので、**リードオフ（第2リード）をできるだけ大きく取って、1つでも先の塁を目指さなければならない**。

そうした高い意識をもつことが、1本の長打で1塁からホームに戻って来る走塁にもつながる。　つまり、**高い意識をもつことが、走塁の戦術を実践する第一歩なのだ**。

効くツボ
1. 大きなリードで投手を揺さぶる
2. 誰もがワンヒットで3塁を狙う
3. 長打が出たら、必ずホームに還る

無走者、走者1塁の場面での戦術

効くツボ 1

帰塁だけを考えた大きなリードで投手を揺さぶる

第2リードを大きくして、1つでも先の塁を目指すことも、1塁走者には必要だ。だが、その一方で、第1リードを大きくして、投手を揺さぶる戦術もある。帰塁だけを考えた大きなリードから、けん制で戻られるのを投手は嫌がるので、集中力を乱すことができる。

効くツボ 2

足が速くなくてもワンヒットで3塁を狙える

足の速さと走塁技術は必ずしもイコールではない。走る意欲があれば、早いスタートを切り、足の遅さをカバーすることもできる。さらに、外野手の肩など、相手の守備能力を把握できれば、打球のコース次第でワンヒットでも3塁を狙える。

効くツボ 3

長打が出たら、必ずホームに還る意識をもつ

繰り返しになるが、走塁でまず大切になるのは、意欲であり、走塁に対する高い意識だ。長打が出たときも、3塁まで進塁すると決めつけないで、ホームに還るつもりで走る。常にそうした姿勢で走っていれば、相手守備のちょっとしたほころびを得点につなげられる。

やってみよう
相手外野陣の守備力の観察

ベンチにいるときは、自分が走者になったつもりで、相手外野陣の守備力や、カットプレーの精度をしっかり観察しておこう。こうしたことが走塁の判断材料になる。

できないときはここをチェック ☑

そもそも、走塁に対して興味がなければ、積極的な走塁はできない。選手たちが走塁をどう考えているか、指導者はチェックしてみよう。

知っているとひとつトクをする❶

指揮官とは
監督に求められる5つのポイント

グラウンドの指揮官である監督にはどんなことが求められるのか？
チームを統率していくために必要な5つのポイントを理解する

RANKING

1 敗戦の責任を背負う覚悟
たとえ選手のミスで負けようが、その選手を起用したのは監督。敗戦は全て自分の責任といさぎよく認める覚悟が、監督には求められる。

2 戦力把握
監督は戦う前に、まず自チームの戦力をしっかり把握する。他チームより何が優れて、何が劣るかを知らずして、戦術は立てられない。

3 選手をリスペクト
監督の戦術をグラウンドで体現してくれるのが選手。だが、それも相互の信頼関係があってこそ。監督には選手をリスペクトする姿勢が必要だ。

4 選手を活かす
選手は十人十色である。長所も短所も様々だが、短所を指摘しても選手は活かせない。モチベーションを高めながら、長所を伸ばせば、選手を活かすことができる。

5 選手を見極める
監督は選手の能力や適性、あるいは当日の調子をしっかり見極めなければならない。そのうえで、最大限の力が発揮できるようチャンスを与えていく。

グラウンドの噂

選手をほめて、引き出す指導法

監督のタイプは様々。感情をほとばしらせる熱血漢の監督もいれば、どんな時も冷静沈着な監督もいる。指導法も様々だが、近頃、以前と比べると、選手の気質がずいぶん変わったという声が多く聞かれる。叱られて伸びる選手が少なくなり、強い口調で指摘すると、委縮する選手が多いという。監督の指導法には、これが正解というものはないが、こうした時代背景を踏まえる必要はある。叱るのではなく、まずほめる。やらせるのではなく、引き出す教え方の方が、今の選手には受け入れられそうだ。

PART 2

送りバント、バント&ラン、スクイズ、犠牲フライ
走者2塁、もしくは3塁での戦術

一つひとつのプレーのメリットとデメリットをおさえる。
そこをふまえた上で、確実に得点につながる進塁を狙う

コツNo. **11** 無死あるいは1死2塁での戦術・送りバント(打者)
ボール気味でもバントし
強めに3塁方向へ転がす ……… 34

コツNo. **12** 無死あるいは1死2塁での戦術・送りバント(走者)
走者は飛び出しに気をつけ
スタートを早くする ……… 36

コツNo. **13** 無死あるいは1死2塁での戦術・バント&ラン
多用する戦術ではないが
バントが得意な打者のときは有効 ……… 38

コツNo. **14** 無死あるいは1死2塁での戦術・進塁打
進塁打はゴロでOKではなく
あくまでもヒットを狙う ……… 40

コツNo. **15** 無死あるいは1死、2死2塁での戦術・三盗
成功確率100%の根拠があれば
選手の判断で実行する ……… 42

コツNo. **16** 無死あるいは1死2塁での戦術・走者の状況判断
2塁走者は視野を広くして
ワンヒットでホームへ還る ……… 44

コツNo. **17** 無死あるいは1死3塁での戦術・スクイズ(考え方)
スクイズはリスクが大きく
デメリットも生じる戦術と心得る ……… 46

コツNo. **18** 無死あるいは1死3塁での戦術・スクイズ(実践)
スクイズは試合終盤の
何とか1点が欲しい場面で実行 ……… 48

コツNo. **19** 無死あるいは1死3塁での戦術・犠牲フライ
犠牲フライは引きつけて
ボールに負けずに反対方向へ打つ ……… 50

コツNo. **20** 無死あるいは1死3塁での戦術・走者の状況判断
ゴロGOかゴロストップか
選手の判断ではなくベンチの指示で ……… 52

コツ No.**11** ▶無死あるいは1死2塁での戦術・送りバント（打者）

ボール気味でもバントし強めに3塁方向へ転がす

> **コレが直る** 走者を2塁に置いての送りバントを確実に成功できる。

ストライクと判断したら2塁走者はスタートする

　送りバントでは、ストライクをバントするのが基本だ。しかし、**走者を2塁に置いての送りバントのときは、多少コースを外れていても、バントをする**。スタートを早くしなければならない2塁走者は、自分でストライクと判断したら、大きく飛び出してしまう可能性があるからだ。

　また、バントの打球は殺さずに、バットの芯でとらえてもいいので、**強めに3塁方向に転がし、三塁手に処理させるようにする。**

効くツボ
1. 投手によって角度を変える
2. 殺さずに転がすようにする
3. ケースによっては1塁方向へ

走者2塁、もしくは3塁での戦術

効くツボ 1

投手の守備力が高い場合は、より角度をつける

守備力が高い投手は、例え3塁前にバントを転がしても、素早くダッシュして処理するので、バットに角度をつけて、3塁線寄りに転がすようにする。一方、投手のフィルディング能力が低いと判断した場合は、バントを投手前に転がして、投手に処理させる。

効くツボ 2

打球を殺すのではなく、転がす意識を強くもつ

送りバントでは、打球を殺すケースもあるが、走者2塁での送りバントでは、殺さないようにする。捕手が処理した場合、送球距離が短く、タッチプレーになるので、アウトになる確率が高くなるからだ。まずは転がす意識を強くもって、そのうえでコースを狙いたい。

効くツボ 3

一塁手の守備力が低い場合は、転がしやすい1塁方向へ

右打者にとって、3塁方向へのバントはたやすくない。ましてや角度をつけるとなると、ある程度の技術も要求されるので、一塁手の守備力が低いと判断した場合は、バントをしやすい1塁方向を狙う。3塁方向同様に、詰まったゴロを転がすイメージでバントする。

やってみよう
コースを外れた球のバント

送りバントはストライクをバントするのが基本だが、走者2塁の場合は、ややコースを外れていてもバントをしなければならないので、バント練習ではそのための練習もやっておこう。

できないときはここをチェック ✓

ファールを続けたり、投手に処理されるなどして、走者を送れなかったときは、バットの角度がどうだったか、チェックしてもらう。

コツ No.12 ▶無死あるいは1死2塁での戦術・送りバント（走者）

走者は飛び出しに気をつけ
スタートを早くする

> 💡 **コレが直る** 2塁の走者が判断良く3塁へスタートを切ることができる。

**飛び出して帰塁する時は
ヒザを使うようにする**

走者2塁での送りバントは、**走者の状況判断も成否のカギを握る**。スタートが遅れてしまうと、たとえバントのコースが良くても、アウトになる確率が高くなる。

投球がストライクのときは、3塁に向かってスタートを切るのが基本だが、変化球の場合、ストライクからボールになる球もあるので、注意する。

また、打者のバント空振りで、飛び出してしまったときは、**ヒザを使って戻ると、スムーズに帰塁ができる。**

効くツボ
1. ボールになる変化球に注意
2. 打者のバント技術を確認
3. 脚力があれば飛び出したらGO

効くツボ 1

ストライクからボールになる スライダー系に注意

2塁走者が投球を見極めるうえで、とくに気をつけなければならないのが、ストライクからボールになるスライダー系だ。相手投手がこういう変化球を武器とする場合は、ストライクからボールに外れる可能性も頭に入れておき、思い込みでスタートを切らないこと。

効くツボ 2

打者のバント能力も 頭に入れてスタートをきる

走者2塁での送りバントのとき、打者は、走者の脚力を頭に入れておく必要がある。足が速くなければ、より精度の高いバントをしなければならないからだ。同様に走者も、打者のバント能力を頭に入れておき、不得手であれば、その分早くスタートを切る。

効くツボ 3

足の速い走者は、 大きく飛び出したら3塁へGO

打者のバント空振りなどで飛び出したときは、2塁に戻るのが基本だが、足の速い走者が大きく飛び出した場合は、そのまま3塁へ向かうようにする。ただし、スタートが遅れた場合は、速やかに帰塁するなど、どちらが適切か、瞬時に状況判断をすることが大事だ。

やってみよう

帰塁する練習

素早くスタートを切るための練習も大事だが、飛び出したときに速やかに戻れるよう、帰塁する練習もしっかり行っておこう。上体から戻るのではなく、ヒザを使うのがポイントだ。

できないときはここをチェック ☑

スタートは大事だが、必ずバントすると決めつけると、大きな飛び出しでアウトになる。そうでなかったかどうか振り返ってみよう。

コツ No.13 ▶無死あるいは1死2塁での戦術・バント&ラン

多用する戦術ではないが
バントが得意な打者のときは有効

> **コレが直る** セオリーではない戦術を臨機応変に活用できるようになる。

一般的にまずサインが出ない裏をかく戦術

　一般的に、**走者2塁で、バント&ランのサインが出されることは、ほとんどない。** なぜなら、打者がバントを空振りすることも考えられるなど、**非常にリスクが高い**からだ。走者3塁でのスクイズ（後述）と同じくらい、リスクが高い戦術といえる。

　ただ、用いるケースもある。それは、**どうしても走者を3塁に送りたいとき、** あるいは、**打者のバント技術が高い場合**だ。一般的な戦術ではない分、相手の裏をつける。

効くツボ
1. リスクが大きいと心得る
2. 本来は無死1塁2塁での戦術
3. バントが苦手な打者のときも有効

走者2塁、もしくは3塁での戦術

効くツボ 1

リスクが大きい戦術であると心得る

走者2塁でのバント＆ランは、決まれば鮮やかに映り、チームに勢いをもたらすが、実はリスクも大きい。打者がバントを打ち上げると、大事な得点圏の走者を失う可能性が高いからだ。したがって、サインを出す側は、まずこのことを十分に認識する必要がある。

効くツボ 2

無死1塁2塁で実行するのがセオリー

走者2塁でのバント＆ランは、一般的にまず用いられない戦術だ。バント＆ランは、走者2塁ではなく、無死1塁2塁で実行されるケースが多い。この場面、タッチプレーではなく、封殺プレーになるため、単なる送りバントでは、2塁走者を送るのが難しいからだ。

効くツボ 3

打者はバントが不得手で、走者は脚力がある場合も有効

走者2塁でバント＆ランを用いるときは、打者が空振りの可能性が低い、バントが上手な選手であることが条件だ。ただ、バントが不得手な打者であっても用いることはある。それは走者の足が速い場合だ。たとえバントを空振りしても、それが盗塁の手助けとなる。

やってみよう
実行頻度の低い戦術への準備

走者2塁でのバント＆ランは、実行頻度の低い戦術である。だが、そのサインは出ないと決めつけるのは禁物だ。いつでも準備しておくことが、戦術の成功につながる。

できないときはここをチェック ✓

セオリーではない戦術のサインを出すときは、より冷静さが求められる。本当に全ての条件が揃っていたのか、振り返ってみる。

コツ No. ▶無死あるいは1死2塁での戦術・進塁打

進塁打はゴロでOKではなく あくまでもヒットを狙う

> **コレが直る** 進塁打のサインでも、まずヒットを狙ってチャンスをつかみにいく。

進塁打はあくまでも 最低限の仕事

走者2塁で進塁打のサインが出たとき、打者はゴロを打つのが鉄則である。フライを打ち上げてはならない。

ただ、ゴロを打って**走者を進めただけで、満足してはいけない**。進塁打のサインでも、**打者が狙うのはあくまでヒット**だ。

したがって、進塁打のサインが出たならまず、ヒットで1塁3塁に好機を広げることをめざす。相手に1つのアウトを献上する進塁打は、チームが望む最高の結果ではなく、最低限の仕事なのである。

効くツボ
1. 右打者は反対方向を狙う
2. 左打者は1、2塁間を抜く
3. 右打者は無理な体勢で打たない

走者2塁、もしくは3塁での戦術

効くツボ 1

右打者は反対方向を狙って打つ

走者は自分の後（左方向）の打球ならスタートを切るが、前の打球は、内野を抜けなければ塁に留まるのが基本だ。したがって、走者2塁での進塁打は、2塁ベースから右の方向へ打たなければならない。右打者であれば、強引に引っ張るのは厳禁で、反対方向を狙う。

効くツボ 2

左打者は強い打球で1、2塁間を抜く

右打者は反対方向を狙うが、左打者の場合は引っ張って、2塁ベースから右の方向へ打つ。打球が速ければ、1、2塁間を抜ける可能性も高くなるので、強い打球を打つ意識で。そして、少々強引になってもいいので、中途半端にならないように、しっかり引っ張る。

効くツボ 3

右打者は無理な体勢で右方向に打たない

進塁打が予想される場面では、相手はそうさせないように、右打者であれば、インサイドを突いてくる。技術がある選手は、そのまま反対方向を狙うが、そうでない選手は、無理やり右方向に打とうとはせず、インサイドを引っ張って、三遊間を抜く強い打球を打つ。

やってみよう
ヒットを打つつもりで打席へ

進塁打はあくまでも、ヒットを狙った中での結果である。打者ははじめから"走者を送ればいい"と考えるのではなく、ヒットを打つつもりで打席へ入ろう。

できないときはここをチェック

狙っていたボールを打たなければ、ヒットも進塁打も打てない。打撃の基本がおろそかになっていなかったか、チェックしてみること。

コツ No.15 ▶無死あるいは1死、2死2塁での戦術・三盗

成功確率100％の根拠があれば選手の判断で実行する

コレが直る 走る根拠をきちんともって、思い切りよく三盗を実行できる。

成功すれば2死でも重圧をかけられる

走者2塁からの**三盗は、ベンチからのサインではなく、選手の判断で行う**。ただし、大事な得点圏の走者なので、**実行するのは、あくまでも100％の成功確率があるとき**だけとする。ワンバウンドしやすいフォークの握りが見えたなど、三盗をするには、きちんとした根拠が必要だ。

成功すれば、無死・1死なら得点する確率が上がり、2死からでも3塁に進塁することで、相手バッテリーは、暴投しやすい変化球が使いにくくなる。

効くツボ
1. 三盗する素振りは見せない
2. 実行を決めたら、すかさず走る
3. 相手投手のクセをつかむ

効くツボ 1

三盗する素振りは見せないようにする

　三盗を成功させるには、相手のマークを外す必要がある。リードを大きくとって、何度か揺さぶってから走るのは、適切な戦術とはいえない。三盗を実行するときは、走る素振りは全く見せないで、相手の虚を突いて走るのが、成功のための大きなポイントである。

効くツボ 2

行くと決めたら、すかさず走る

　盗よりも成功させるのが難しい三盗は、思い切りのよさが必要だ。迷いなく走ることが素早いスタートにつながり、それが成功する確率を高める。走る根拠があって、行くと決めたら、間髪を入れずにすかさず走るが、迷いがあるときは、無理をしないで自重する。

効くツボ 3

相手投手のクセや傾向をしっかりつかむ

　盗を成功させるには、相手投手のクセや持ち球、あるいは、傾向をしっかりつかまなければならない。たとえば、ワンバウンドになりやすいフォークを投げるときのクセや、遅い変化球を投げるカウントの傾向がわかれば、自信をもってスタートを切ることができる。

やってみよう
スキあれば走るという意識

三盗はリスクが高い戦術のひとつだが、最初から走らないと決めてしまうと、失敗もないが成功もない。2塁走者はスキあれば走るという意識をもつようにしよう。

できないときはここをチェック ☑

　本当に思いきりよく走ったかチェックしてみる。少しでも迷いがあると、コンマ何秒かのスタートの遅れにつながってしまう。

コツ No. **16** ▶無死あるいは1死2塁での戦術・走者の状況判断

2塁走者は視野を広くして ワンヒットでホームへ還る

> **コレが直る** 適切な判断のもと、単打で2塁からホームインできる。

単打で生還できれば チームに勢いももたらす

打球にもよるが、走者2塁でヒットが出たときにホームへ還れないと、得点できないだけでなく、チームの勢いがそがれてしまう。

したがって2塁走者は、足の速い遅いに関わらず、**ワンヒットでホームインする意識をもつことが重要**だ。ただし足が速いと、飛び出しやすいので注意。

また、**スタートとともに打球判断も大事**になるが、その材料として、外野手の肩や、カットプレーの精度など、できるだけの情報を頭に入れておく。

効くツボ
1. 2塁に達したら、状況を確認
2. ライナーバックを頭に入れる
3. 投ゴロで飛び出さない

走者2塁、もしくは3塁での戦術

効くツボ 1

2塁走者になったなら、状況をしっかり確認

2塁走者はチームにとって、大事な得点圏の走者だ。ホームに戻って来ることが期待されている。2塁走者になったなら、イニング、アウトカウント、打順、あるいは、二遊間のポジショニングや外野手の守備位置などを確認し、早いスタートと適切な判断につなげる。

効くツボ 2

左側の打球はGOだが、ライナーには気をつける

2塁走者はヒットでなくても、自分の左側の打球のときは3塁へスタートをきる。ただし、気をつけたいのがライナーで、打者のインパクトをしっかり見て、飛び出しに注意する。思い切りの良いスタートは大事だが、ライナーバックも常に頭に入れておく。

効くツボ 3

スタートが大事も、投ゴロで飛び出さない

打球判断でミスをしやすいのが、投手正面の打球。特に打球の当たりがいいと、センターに抜けたと思い込み、投ゴロで飛び出してしまうケースが多いからだ。足の速い走者はスタートが早い分、この傾向が強いので、投手正面の打球は急いで飛び出さない。

やってみよう
生きた打球を数多く判断

打球の判断力は、練習の積み重ねによって磨かれる。たとえばフリー打撃の練習のときにランナーになり、生きた打球を数多く判断しながら、走塁練習をしてみよう。

できないときはここをチェック ✓

ワンヒットでホームへ還ろうとする意欲は大事だが、気持ちが先走ると、冷静な判断ができないことがあるので、そうでなかったかチェックする。

コツ No.17 ▶無死あるいは1死3塁での戦術・スクイズ（考え方）

スクイズはリスクが大きく
デメリットも生じる戦術と心得る

 コレが直る タイミングが難しく相手に警戒されやすい戦術であることがわかる。

スクイズはサインを出すタイミングも難しい

　スクイズは、無死あるいは1死3塁で多用される、確率的に点数が入りやすい戦術である。

　多用される戦術は、その分、相手の警戒も大きくなるので、スクイズを見破られる可能性も高い。**スクイズとは、実はサインを出すタイミングが難しい、リスクがともなう戦術だ。**

　また、確率的に点数が入りやすい戦術のため、失敗した場合、得点できないだけでなく、ベンチのムードが悪くなる。デメリットも生じる戦術なのである。

効くツボ
1. 決めるのは難しいと心得る
2. 成否の影響が大きいと心得る
3. 前半での実行を見直してみる

走者2塁、もしくは3塁での戦術

効くツボ 1
警戒されるなかで決めるのは難しいと心得る

スクイズは多用されるためか、決まりやすい戦術と考えている人も少なくない。だが、相手に警戒されるなかでスクイズを決めるのは容易くない。また3塁走者も、右投手の視界に入るため、スタートのタイミングが難しい。スクイズとは決して簡単な戦術ではないのだ。

効くツボ 2
スクイズを失敗すると、凡打以上にベンチの空気が沈む

警戒されるなかでスクイズを決めるのは難しい。ただ、ヒットが出る確率と比べると、成功する確率が高いのは確かだ。ベンチの期待も大きくなるので、その分、失敗に終わったときは落胆も大きい。スクイズとはその成否によって、チームのムードをも変えてしまうのだ。

効くツボ 3
前半での成功は、大きなダメージを与えられない

スクイズの1点は、ヒットでの1点以上に、相手にダメージを与える。相手が見抜けなかったなか、あるいは警戒するなかでの1点であり、何よりも、ここという場面で実行されるからだ。したがって、試合の前半で成功させても、さほど大きなダメージは与えられない。

やってみよう
成功度が低い原因を分析

スクイズは基本的に100％成功するという判断のもとで行う戦術だ。これまでどのくらいスクイズが成功しているか調べ、確率が高くなかった場合は、その原因を分析してみよう。

できないときはここをチェック ☑

ケースによっては、必ずしもスクイズがベストの戦術とは限らない。スクイズがベストと思い込んでサインを出していなかったチェックしてみる。

コツ No.**18** ▶無死あるいは１死３塁での戦術・スクイズ（実践）

スクイズは試合終盤の
何とか１点が欲しい場面で実行

 コレが直る いつどこで出すか、適切な場面でスクイズを成功させることができる。

スクイズは出すタイミングが重要

スクイズは競った試合の終盤、なかなか打ち崩せない投手から、どうしても１点が欲しい場面で行う戦術だ。

試合の前半からスクイズで得点するのもひとつの戦術だが、多用すると、ここという場面で相手に警戒されやすくなる。**スクイズは、いつどこで出すか、タイミングが重要**だ。

実行カウントはどのカウントがベターというのはないが、２ストライクを取られ、相手投手がまだボールが投げられるカウントは、外されやすい。

効くツボ
1. 外されても投前に転がさない
2. ３走は投手が踏み出したらGO
3. ３バントスクイズは難しい

効くツボ 1

たとえ外されても、投手前は避けて転がす

相手バッテリーにスクイズを外されたとき、打者はとにかく空振りだけはしないようにする。これは鉄則だ。ただ、何とかバットに当てても、投手前のゴロになってしまうと、処理されてしまう。右打者ならば、外されても狙いをつけやすい、1塁側にボールを転がす。

効くツボ 2

3塁走者は投手が踏み出した瞬間にGO

スクイズでは3塁走者のスタートも大事だ。しかし早過ぎると、右投手はそれが視界に入ってスクイズだとわかるので、外されてしまう。したがって3塁走者は、投手がモーションを起こした瞬間ではなく、ステップ足を踏み出した瞬間にスタートを切るようにする。

効くツボ 3

3バントスクイズは、成功させるのが難しい

2－2や3－2（スリーボール・ツーストライク）のとき、相手投手はストライクを投げてくる確率が高い。だが3バントスクイズは、その1球で決めなければならない。どうしても打者に重圧がかかるので、とくにバントが不得手な打者だと成功する確率が低くなってくる。

やってみよう　全員がしっかりバント練習

ふだんはバントのサインがほとんど出ない中軸打者にも、どうしても1点がほしい場面では、スクイズのサインが出る。全員がしっかりバント練習を行って準備しておこう。

できないときはここをチェック ✓

スクイズを出すタイミングが正しかったかどうか、打者と走者がスクイズに適任な選手だったかどうかチェックしてみる。

コツ No.19 ▶無死あるいは1死3塁での戦術・犠牲フライ
犠牲フライは引きつけて ボールに負けずに反対方向へ打つ

 コレが直る 犠牲フライを期待される場面で、確実に打てるようになる。

犠牲フライは打者の本能を尊重した戦術

戦術を実行するとき、打者は制約のなかで"打たなければならない"。それがチーム打撃だ。

ただ、**バッターは本来、誰しも"打ちたい"もので、それを尊重した戦術が、犠牲フライ**である。

犠牲フライを打つときは、引っ張って強い打球を打つのではなく、**しっかり引きつけて、ボールに負けないで反対方向に打つ**。とくに右打者の場合、反対方向の打球の方が、本塁からの距離が遠くなる分、得点になりやすい。

効くツボ
1. フライではなく、強い打球を打つ
2. 低めではなく、ベルト付近を狙う
3. 野手が後なら内野ゴロでもOK

走者2塁、もしくは3塁での戦術

効くツボ 1

フライを打つのではなく、強い打球を打つ

犠牲フライは"外野にフライを打てばいい"という楽な気持ちで打つ。だが、フライを打とうとする意識が強いと、バットが下から出てしまうので、強い打球を打つつもりで。ボールを見極めることも大事で、たとえば、遠くに飛びやすい、肩口からのカーブを狙う。

効くツボ 2

凡打になりやすい低めではなく、ベルト付近を狙う

外野フライを打つときは、球種だけでなく、コースの見極めも大事だ。低めを打つと凡打になりやすいので、ベルト付近を打つ。カウントが有利なときは、打ち気に走っているので、低めの球に手を出さないようにするが、低めを打つのが得意なら、積極的に狙う。

効くツボ 3

野手が下がっているなら、内野ゴロでもOK

犠牲フライが求められている場面では、基本的に外野フライを狙う。ただし、内野手がバックホームの守備体系をとっておらず、後ろに下がっている場合は、戦術の幅が広がる。3塁走者は内野ゴロでもホームに還れるので、打者はそのつもりで打席に入ること。

やってみよう
走者3塁を想定して、犠牲フライ

フリー打撃のとき、走者3塁を想定して、犠牲フライを打つ練習をしてみよう。ただ反対方向へ強い打球を打つのではなく、試合と同じ意識、緊張感をもって打つことが本番で生きてくる。

できないときはここをチェック ✓

遠くへフライを打つ意識が強いと、バットが下から出て、凡フライになる。スイングがアッパーになっていなかったかチェックしてみよう。

コツNo.20 ▶無死あるいは1死3塁での戦術・走者の状況判断
ゴロGOかゴロストップか
選手の判断ではなくベンチの指示で

> **コレが直る** 走者3塁で内野ゴロのとき、試合展開にあった状況判断ができる。

試合展開を考慮しながらサインを出す

　無死あるいは1死3塁で内野ゴロになったときは、GOなのか、ストップなのか、判断をしなければいけない。選手に判断を任せる方法もあるが、ベンチからのサインの方がベターだ。選手が判断すると、一瞬の迷いがアウトにつながる場合があるが、サインであれば、躊躇せずに思いきってスタートが切れるからだ。ベンチは一か八かで本塁を狙う場面なのか、それとも自重する場面か、**試合展開を考慮しながらサインを送る。**

効くツボ
1. 1点が欲しいときはゴロGO
2. ゴロGOでは打った瞬間に走る
3. リードしているときはストップ

走者2塁、もしくは3塁での戦術

効くツボ 1

競った展開で1点が欲しい場面ならゴロでGO

投手戦などで接戦のまま後半に入り、1点が勝負を分ける展開のときは、内野ゴロでスタートを切る。一般的に「ギャンブルスタート」といわれる思い切った戦術だ。ただこの場面は、守っている野手にもプレッシャーがかかる。ベンチはセーフを信じてサインを出す。

効くツボ 2

ゴロでGOのときは、打った瞬間に本塁へ走る

「**ゴ**ロGO」のサインが出たなら、3塁走者は打者をよく見て、打った瞬間にスタートを切る。通常はライナーに注意し、ライナーでは帰塁をするが、「ゴロGO」のときはその限りではない。ライナーでダブルプレーになるリスクを承知のうえで出すサインだからだ。

効くツボ 3

リードしているときは自重して、ゴロはストップ

「**ゴ**ロGO」のサインを出すのは、1対1など均衡状態で進んだ試合の後半、あるいは僅差で負けているとき。どうしても1点が欲しい場面だ。したがって、リードしている場面では自重する。チームに勢いがあるときは、無理をすると、つかんでいる流れを手放してしまう。

やってみよう
打者のタイプや調子も加味

「ゴロGO」のサインを出すときは、試合展開を考慮するだけでなく、打者のタイプや調子も加味しながら、「ギャンブルスタート」をする必要があるかどうか決めよう。

できないときはここをチェック ☑

ベンチからの指示を3塁走者が徹底できないと、チームとして適切な状況判断ができない。徹底できていたかどうかチェックしてみる。

知っているとひとつトクをする❷

一流を目指す
トップ選手になるための5つのポイント

学生野球であろうと、社会人野球であろうと、選手ならトップを目指すべき。
トップ選手になるために必要な5つのポイントを覚えておこう

RANKING

1 謙虚で素直な心をもつ
監督やコーチに指導されたことを、しっかり吸収するには、謙虚さと素直さが求められる。両者を兼ね備えた選手であれば、心技ともに成長していく。

2 あくなき向上心をもつ
たとえば、1試合3安打したからといって、満足してしまったら、そこで成長は止まってしまう。あくなき向上心をもって、貪欲な姿勢で野球に取り組む。

3 負けず嫌いであり続ける
野球選手は誰しもそうだが、トップ選手になるほどに、負けず嫌いの度が高まる。表に出そうが内に秘めようが、絶対負けたくないという思いを持ち続ける。

4 自信をもつ
野球では心技両面が大事だが、強いメンタルと、高い技術力があれば、自信がもてる。そして、自信があれば、どんな相手とも臆することなく戦うことができる。

5 監督の意図を理解する
いくら高い技術があっても、野球は一人ではできない。監督の意図を理解して、それを体現し、勝利に貢献してこそ、真のトップ選手になれる。

グラウンドの噂

練習は嘘をつかない

アマチュア時代に活躍した選手が、プロの世界で泣かず飛ばずで終わった例は、少なくない。反対に、さほど実績はなかったにも関わらず、トップ選手に上り詰めた選手も少なくない。何が両者を暗と明に分けるのか？ 理由はもちろん、選手によって異なるが、大きな要因となっているのが、プロに入ってからの、野球への取り組み方だという。注目されずに入団した選手は、鳴り物入りで入った選手に負けまいと、何倍もの練習を積む。練習は嘘をつかないというが、プロの世界もまた然りのようだ。

PART 3

バスター&ラン、ヒット&ラン、ダブルスチール、ヒッティング

複数の走者が出塁しているときの戦術

打者も走者も、前向きな気持ちと冷静な状況判断が必要不可欠。
ときには相手のミスを誘う頭脳プレーも駆使する

コツNo.		コツNo.	
21	1塁2塁での戦術・1塁走者の状況判断(1) 打者と前の走者をよく見て 無用な飛び出しに気をつける ………… 56	**30**	1塁3塁での戦術・ディレードスチールによるダブルスチール わざと1塁走者が挟まれて その間に3塁走者が本塁を狙う ………… 74
22	1塁2塁での戦術・1塁走者の状況判断(2) オーバーランを偽装して ランダウンプレーのあいだに得点 ………… 58	**31**	▶無死あるいは1死1塁3塁での戦術・ヒット&ラン 1塁走者と打者とで行い 3塁走者は打球判断を慌てずに ………… 76
23	1塁2塁での戦術・2塁走者の状況判断 捕手が1塁けん制したときに 2塁走者が3塁を狙う ………… 60	**32**	無死あるいは1死2塁3塁での戦術・2ランスクイズ 難度が高い戦術なので 実行するときは状況を見極める ………… 78
24	無死1塁2塁での戦術・送りバント 初球に狙いを定めて 確実に三塁手に捕らせる ………… 62	**33**	無死あるいは1死1塁2塁3塁での戦術・走者の状況判断(1) リードオフを大きくとれるので 内野ゴロならスタートを切る ………… 80
25	無死1塁2塁での戦術・バスター&ラン バントシフトを利用して バスターで好機を広げる ………… 64	**34**	無死あるいは1死1塁2塁3塁での戦術・走者の状況判断(2) 2塁走者は積極性に加えて 打球判断の精度がポイント ………… 82
26	1死あるいは2死1塁2塁での戦術・ヒット&ラン 試合の流れを変えたいときに リスク覚悟のうえで実行する ………… 66	**35**	無死あるいは1死満塁での戦術・ヒッティング 打者はあくまでも前向きに 最高の場面での打席ととらえる ………… 84
27	無死あるいは1死1塁3塁での戦術・セフティスクイズ 打者はストライクだけを 1塁方向へ転がす ………… 68	**36**	無死あるいは1死満塁での戦術・スクイズ 満塁でも条件が揃っていれば スクイズで1点を取りにいく ………… 86
28	1死あるいは2死1塁3塁での戦術・ダブルスチール どうしても1点が欲しくて 打者に期待できないときに行う ………… 70	**37**	無死あるいは1死満塁での戦術・走者の状況判断 判断が難しい1塁、2塁走者は 視野を広く持つようにする ………… 88
29	無死あるいは1死1塁3塁での戦術・偽装スクイズでの2塁スチール スクイズ失敗を装って 1塁走者が単独盗塁を決める ………… 72		

コツ No.21 ▶1塁2塁での戦術・1塁走者の状況判断（1）

打球と前の走者をよく見て無用な飛び出しに気をつける

> **コレが直る** 走者1塁2塁で、1塁走者が状況を見て適切な走塁ができる。

「前の走者」「打球」「相手のプレー」の3つをしっかり見る

走者1塁2塁では、2塁走者は単独2塁と同じと考えればいいが、**1塁走者は、2塁走者の動きをしっかり見たうえで、状況判断をする**ようにする。

この場面、たとえヒットが生まれても、2塁走者がホームインできるとは限らない。自分は3塁まで行けるからと走ってしまうと、結果的オーバーランでアウトになるので気をつける。1塁走者は、前の走者はもちろん、打球、そして相手のプレーの3つを同時に見ながら、適切な走塁につなげる。

効くツボ
1. やみくもに3塁を狙わない
2. 外野飛球の判断は注意深く
3. 2塁走者の脚力を把握する

効くツボ 1

たとえヒットでも、やみくもに3塁を狙わない

積極的に次の塁を狙う姿勢は大事だが、1塁走者は前に2塁走者がいるので、たとえヒットでも、やみくもに3塁は狙わないようにする。とくに、1塁走者が3塁を狙いたくなるライト前のヒットや、詰まった当たりのヒットでは、2塁走者の動きをしっかり見る。

効くツボ 2

外野フライでの、2塁走者の判断に注意する

1塁走者は、外野に飛球が飛んだときの判断も難しい。2塁走者がタッチアップを狙うのか、それともハーフウエイか、予測する必要があり、そのうえで自分がどうするか、判断しなければならないからだ。どうするか予測が難しい飛球のときは、無理をしないことも大切だ。

効くツボ 3

2塁走者の脚力を頭に入れておく

1塁走者が適切な状況判断をするためには、2塁走者の脚力を頭に入れておく必要がある。そうすれば本塁に向かうのか、それとも自重するのか、想定ができるからだ。また、外野手の肩や、相手のカットプレーの精度についても把握しておく。これは2塁走者もしかりだ。

やってみよう

実践での経験から学ぶ

1塁走者の状況判断力は、打球がある程度予測できる、ノックの打球では培えない。実戦の生きた打球で身につくものなので、実戦での経験をケーススタディとしてみよう。

できないときはここをチェック ☑

走塁のとき、視野を広くもち、前の走者、打球、そして相手のプレーの3つをしっかり見ることができたかチェックしてみる。

コツ No.22 ▶1塁2塁での戦術・1塁走者の状況判断(2)

オーバーランを偽装して
ランダウンプレーのあいだに得点

> **コレが直る** たまたま飛び出してしまったミスを得点のチャンスに変えられる。

大きく飛び出して野手の注意を引き付ける

　無死または1死1塁2塁のとき、1塁走者は、前の走者の動き、打球、そして相手のプレーをしっかり見て、オーバーランに気をつける。だが、たまたま飛び出してしまったとき、どうしても1点がほしい場面であれば、**3塁に進んだ2塁走者のホームインをサポート**する戦術もある。

　大きく飛び出して相手の注意を1塁走者に向けさせ、ランダウンプレー（挟殺プレー）にもち込んで、その間に2塁走者が本塁を踏む。

効くツボ
1. 選手の一瞬の判断で行う
2. ボールの位置を必ず確認
3. 前走はタイミング良くスタート

複数の走者が出塁しているときの戦術

効くツボ 1
ベンチのサインではなく、選手の判断で行う

たまたま飛び出した1塁走者がランダウンプレーを仕掛け、2塁走者の生還をサポートする戦術は、ベンチのサインではなく、1塁走者の判断で行う。ただし、実行するのは、どうしても1点がほしい場面のみ。大きく飛び出さないのがセオリーだ。

効くツボ 2
ボールの位置を必ず確認するようにする

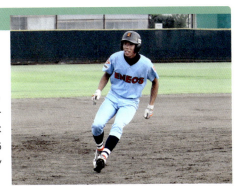

意図的にランダウンプレーを仕掛けるときは、1塁走者は2塁走者の動きだけでなく、ボールがどこにあるか、しっかり確認しなければならない。ボールの位置とオーバーランのタイミングがあわないと、たとえ大きく飛び出しても、ランダウンプレーにもち込めない。

効くツボ 3
前の走者は、ホームインのタイミングを見極める

2塁走者は、1塁走者がランダウンプレーにもち込んだのを確認したら、3塁を大きく回っていても、そこで相手野手の動きをしっかり見て、ホームインするタイミングを見極める。たとえば、2塁走者から目を切った一瞬が、そのタイミングだ。

やってみよう
走者側も高い意識をもつ

ランダウンプレーの練習では、守備側だけでなく、走者側も、高い意識をもって取り組むことが必要だ。練習でもできるだけ粘って、実戦で挟まれたときの糧としよう。

できないときはここをチェック ☑

1塁走者が仕掛けたランダウンプレーは、2塁走者が生還して成功となる。本塁でアウトになったときは、スタートのタイミングをチェックする。

コツ No.23 ▶1塁2塁での戦術・2塁走者の状況判断
捕手が1塁けん制したときに2塁走者が3塁を狙う

 コレが 直る 捕手の1塁けん制を、次の塁を狙うチャンスにすることができる。

強肩捕手の場合は 1塁けん制を予測する

走者1塁2塁で、**捕手が1塁けん制をしたときは、2塁走者が3塁を狙う好機**である。一瞬ではあるが、全ての野手がけん制プレーに注目するため、スキが生まれるからだ。

リードオフも大きく、タイミング的にも行けると踏んだら、**自分の判断で3塁へスタートを切る**。基本的にベンチのサインでは行わない戦術だ。

相手捕手が強肩の場合は、1塁けん制する可能性が高いので、けん制を予測しながら、3塁を狙う準備ができる。

効くツボ
1. 判断力と脚力に長けた選手限定
2. 一塁手の送球能力がポイント
3. けん制で生じるスキを利用する

効くツボ 1

判断力と脚力に長けた選手が行う

捕手が1塁けん制するあいだに、2塁ランナーが3塁を狙うのは、高度な戦術である。そのため、成功させるには、的確な判断力が求められる。タイミングを見誤ると、ただの暴走になってしまう。それとともに脚力も必要で、実行できる選手が限られる戦術でもある。

効くツボ 2

一塁手の送球能力が高くないときはチャンス

一塁手の送球能力が高くないときは、3塁を狙うチャンスである。1塁から3塁への送球は、捕手が2塁送球するのと同様に、ダイヤモンドの対角線上に、投げなければばらないからだ。3塁を狙う判断材料になるので、試合中は一塁手の送球能力をしっかり観察する。

効くツボ 3

けん制がクロスプレーになったときもチャンス

捕手から1塁へのけん制がクロスプレーになったときも、3塁を狙うチャンスである。なぜなら、アウト・セーフのタイミングが微妙なときは、相手野手も審判がジャッジを下すまで、そのプレーに注目する傾向があり、そのことによって、一瞬のスキが生まれるからだ。

やってみよう
一塁手の力量を見極める

1塁から3塁までは38.795mと距離が長いため、送球能力が要求される。肩が強くない一塁手だと、しっかり投げ切ることができないので、力量をしっかり見極めておこう。

できないときはここをチェック ☑

一塁手の走塁能力、1塁けん制のタイミングなど、3塁を狙うための全ての条件がかみ合っていたかどうかチェックしてみる。

コツ No.24 ▶無死1塁2塁での戦術・送りバント

初球に狙いを定めて確実に三塁手に捕らせる

コレが直る 走者を2塁3塁へ送るための犠牲バントが、確実にできる。

1塁2塁での送りバントは無死から多用される戦術

走者1塁2塁での送りバントは**無死で行う**。一般的に1死からは、ほとんど行われない。

ファールになっても次の戦術が立てやすいよう、**狙うのは初球。最初のストライクをバントする。**

ただ、無死1塁2塁は送りバントが多用されるケースなので、相手はバントシフトを敷いてくる。加えて、3塁はフォースプレーになるため、バントはしっかりコースを狙う必要がある。3塁カバーに入る可能性が高い三塁手に捕らせる。

効くツボ
1. バントは投手に処理させない
2. バントは3塁線付近に転がす
3. シフトによっては様子をみる

効くツボ 1

投手が処理できるバントだと三封される

1 塁2塁での犠牲バントは、転がす方向がポイントだ。投手が処理できる正面付近のバントになると、三封される可能性が高い。フィルディングに長けている投手は、なおさらだ。また、バントを殺し過ぎても捕手に処理されてしまうので、コースを優先する。

効くツボ 2

バットの角度をつけて、3塁線付近に転がす

2 塁3塁へ進める送りバントは三塁手に捕らせるか、あるいは、投手が三封できない3塁線付近に転がす。バントに角度をつけられないと、2走を3塁には進めても、1走が二封される可能性もある。目とバットの距離を保ちながら、腕ではなくヒザで角度をつける。

効くツボ 3

一、三塁手のダッシュがいいときは構えだけで様子を見る

バントシフトでは、一塁手だけなく、遊撃手が3塁カバーに入り、三塁手もダッシュしてくることもある。このようなケースは、バントをせずに構えだけとし、相手の様子を探る。送りバントのサインを見直した方がいい場合は、ベンチは戦術を変更する。

やってみよう
ボールの勢いを吸収するイメージ

極端なバントシフトを敷かれた場合は、打球を殺すのも一つの方法。バットを引くのではなく、ボールの勢いを吸収するイメージで行うと、上手く打球を殺すことができる。

できないときはここをチェック ✓

走者1塁2塁での送りバントは、打球の角度をつけられたか否かが成否のカギを握る。ヒザをしっかり使っていたかチェックしてみる。

コツ No.25 ▶無死1塁2塁での戦術・バスター&ラン

バントシフトを利用して
バスターで好機を広げる

> **コレが直る** 極端なバントシフトのとき、バスターでヒットゾーンが狙える。

バントの構えで極端なシフトを誘う

　無死1塁2塁で、送りバントのサインのとき、バントを予測した一塁手と三塁手が、思い切ってダッシュしてくることがある。このようなケースは、**まともにバントをするよりも、バスターに切り換えた方がベター**だ。

　構えだけで1球様子を見たら、次のボールもバントの構えで極端なバントシフトを誘い、走者は投球と同時にスタートを切る。そして打者は、バントシフトで広がったヒットゾーンを狙って打つ。

効くツボ
1. 極端なシフトはヒットが出やすい
2. 最低でもゴロを打つのが鉄則
3. ダッシュされても冷静に打つ

複数の走者が出塁しているときの戦術

効くツボ 1

極端なバントシフトほど、ヒットゾーンは広がる

相手が極端なバントシフトを敷き、一塁手と三塁手が思いきってダッシュしてくるなか、送りバントを決めるのは難しい。しかし、こうしたシフトでは、遊撃手は3塁の、二塁手は1塁のカバーをしなければならない。自ずとヒットゾーンが広がるシフトでもあるのだ。

効くツボ 2

打つ方向を定めて、最低でもゴロを打つ

バスターに切り換えたときは、強振しないで、打球コントロールを心がける。強振すると空振りにつながりやすく、せっかくの得点圏の走者をアウトで失う可能性も高くなる。また、ライナーゲッツーを避けるため、ゴロを打つスイングを心掛け、最低でもゴロを打つ。

効くツボ 3

一、三塁手がダッシュをしてきたら、頭を越すゴロを打つ

一、三塁手が猛然とダッシュをしてきたら、バットヘッドをしっかり立てて、頭を越すバウンドの高いゴロを打つ。いくら打球が速くても、野手の正面に飛べば止められるので、強振はしないようにする。相手のダッシュの勢いに惑わされず、冷静に打つ意識が必要だ。

やってみよう
バントの構えからバスターへ切り換え

打撃練習のとき、バントの構えからバスターに切り換えて、ゴロを打つ練習をしてみよう。このとき、相手が極端なバントシフトを敷いてきた場面をイメージすることが大切だ。

できないときはここをチェック

バントからバスターに切り換えたとき、バットヘッドを立てて打っていたかチェックする。ヘッドが寝てしまうとゴロを打ちにくい。

コツ No.26 ▶1死あるいは2死1塁2塁での戦術・ヒット&ラン

試合の流れを変えたいときにリスク覚悟のうえで実行する

> **コレが直る** 必要な局面で、セオリーにとらわれない戦術が実行できる。

セオリー無視の戦術だが、場面によっては有効

　無死または1死1塁2塁でのヒット&ランは、リスクが大きい戦術だ。ライナーゲッツーで、一気に好機がついえてしまうこともある。

　そのため、一般的にあまり使われないが、**拮抗した試合の後半、**あるいは、**セオリーを無視しても流れを変えたいときは、有効だ。**

　実行カウントは3-1（スリーボール・ワンストライク）など、次にストライクが来る確率が高いカウント。打者はヒットを狙って、強い打球を打つ。

効くツボ
1. 実行する場面を見誤らない
2. ストライクを予測して実行
3. アグレッシブな姿勢で打つ

複数の走者が出塁しているときの戦術

効くツボ 1

実行する場面を見誤らない

無死または1死1塁2塁でのヒット＆ランは、セオリーではない。成功すれば、チームに勢いがもたらされるが、失敗すれば、せっかくの好機を一瞬にして失うからだ。一か八かといった要素がある。リスクも大きい戦術なので、実行する場面を見誤らないようにする。

効くツボ 2

ストライクが来る確率が高いカウントで実行

リスクが高い戦術なので、ストライクを自分の形で打つ。強引にボールを打とうとすると、空振りする可能性もある。そのため、平行、あるいは3－1、3－2といった、次にストライクを投げて来る確率が高いカウントで実行するようにする。

効くツボ 3

打者はアグレッシブな姿勢で打つ

最低でもゴロを打つのが、ヒット＆ランの鉄則だ。だが、この戦術では、最初からゴロを打つつもりで打席に入らないこと。打者はあくまでヒットを狙って、強い打球を打つ。一か八かといった要素が大きい戦術のときは、打者もアグレッシブな姿勢が必要になる。

やってみよう
失敗しやすくても実行

成功する確率が高い戦術を選択するのがベターな中、なぜ失敗する確率も高い戦術を実行するケースがあるのか？戦術を成功させるためにも、チームとして理解しておこう。

できないときはここをチェック ☑

ストライクが来る確率で実行しても、制球が安定しない投手は、確率が低くなる。戦術を実行するとき、相手投手の能力を踏まえることも必要だ。

コツ No. **27** ▶ 無死あるいは1死1塁3塁での戦術・セフティスクイズ

打者はストライクだけを1塁方向へ転がす

コレが 直る 得点チャンスでのスクイズの成功確率を高めることができる。

成功させるとなおも好機が続く

無死あるいは1死1塁3塁で、スクイズを100%の確率で成功させたいときに用いる戦術が、セフティスクイズである。

バントを転がすのは、**1塁方向**。この場面、一塁手は走者のけん制に備えるため、1塁ベースに近くで守ることが多いからだ。

また、バントを**実行するのはストライクだけ。ボールは見逃すようにする。**セフティで行うのがベストだ。

セフティで成功すれば、得点が入るだけでなく、なおも1死あるいは2死2塁の形が作れる。

効くツボ
1. 確実に成功させたいときに用いる
2. 投手正面なら3塁走者は自重する
3. 3塁方向へのセフティもあり

効くツボ 1

スクイズを確実に成功させたいときに用いる

スクイズはリスクが伴う戦術である。失敗する可能性も決して低くない。また、成功しないと、凡打以上にベンチの雰囲気が沈んでしまう。無死あるいは1死1、3塁の絶好機であればなおさらだ。そのため成功確率が高い、セフティスクイズを選択する。

効くツボ 2

投手正面に転がったら、3塁走者は自重する

セフティスクイズでは、打者は1塁方向へ転がすのがセオリー。本塁を頂点に、投手と1塁ラインを結んだ三角形の中ほどを狙うのが理想だ。投手正面のバントになった場合は、本塁でアウトになる確率が高いので、無理に突っ込まず、自重するようにする。

効くツボ 3

3塁方向へのセフティでは、1塁走者は3塁を狙う

前述の通り、バント&ランのスクイズでは、打者は1塁方向を狙うのがセオリーだ。ただ、一塁手が警戒しているときなどは、3塁方向へセフティで転がすケースもある。三塁手が処理することで、3塁が空くので、1塁走者は一気に3塁を狙う走塁を心がけるようにする。

やってみよう
三角形を描いて練習

セフティスクイズに対応するため、実際にグラウンドに、本塁を頂点をとして、投手と1塁ラインを結んだ三角形を描き、その真ん中あたりに転がす練習をしてみよう。

できないときはここをチェック ☑

セフティスクイズでは、打球が転がったらスタートする。通常のスクイズと同じようにスタートしなかったかチェックする。

コツ No.**28** ▶ 1死あるいは2死1塁3塁での戦術・ダブルスチール

どうしても1点が欲しくて
打者に期待できないときに行う

 コレが直る 重盗で3塁走者がスタートを切るタイミングを理解できる。

ベンチからの指示で思い切って走る

　走者1塁3塁でのダブルスチールは、競った試合の終盤、**どうしても1点が欲しくて、かつ、好機ではあるものの、打者に期待ができないときに行う**戦術だ。アウトカウントは1死か2死で。一般的に、無死ではほとんど行わない。

　1塁走者が単独で盗塁し、捕手が2塁送球をしたのを見て、3塁走者が自分の判断でスタートを切るケースもあるが、**基本的にはベンチからの指示で行う**戦術で、その方が、3塁走者が思い切って走れる。

 効くツボ
1. 3塁走者は第2リードを大きく
2. 3塁走者は捕手の送球をよく見る
3. 相手捕手の能力を、きちんと把握

効くツボ 1

3塁走者は第2リードを大きくとる

ベンチからダブルスチールのサインが出されたら、3塁走者は、本塁との距離を縮めるために、できるだけ第2リードを大きくとるようにする。ただし、大き過ぎると相手にダブルスチールの作戦が見抜かれてしまう可能性があるので、その点を頭に入れておく。

効くツボ 2

捕手の送球がカットできない高さなら、3塁走者はスタート

サインプレーではあるが、3塁走者はやみくもに本塁へ向かわない。捕手の2塁送球が、投手、あるいは野手がカットできる高さだと、アウトになる可能性が高くなるからだ。よって3塁走者は、捕手の送球の高さを瞬時に確認してから、スタートを切る。

効くツボ 3

相手捕手の能力を、きちんと把握しておく

ダブルスチールの戦術を実行するときは、その前に相手捕手の力量をきちんと把握しておく必要がある。たとえば、3塁を見てから送球できる捕手は、3塁走者はスタートが切りにくい。初めて対戦するチームなら、イニングの合間の2塁送球をしっかり観察しておく。

やってみよう
相手守備の送球能力を知る

ダブルスチールのサインを出すときは、捕手の送球能力はもちろん、本塁へ送球する相手二塁手や遊撃手の、送球能力もしっかり頭に入れたうえで出すようにしよう。

できないときはここをチェック ☑

3塁走者の第2リードや、スタートを切るタイミングが適切だったかどうか、あるいは捕手の送球の高さをしっかり見ていたかチェックしてみる。

コツ No.29 ▶ 無死あるいは1死1塁3塁での戦術・偽装スクイズでの2塁スチール

スクイズ失敗を装って1塁走者が単独盗塁を決める

> **コレが 直る** 偽装スクイズで1塁走者の単独盗塁をサポートできる。

偽装であることを自軍の選手も理解する

無死あるいは1死1塁3塁で1塁走者を盗塁させたいとき、スクイズ失敗と見せかけて進塁させる戦術がある。

あくまで偽装だが、**相手にはスクイズと思わせる必要がある**ので、試合展開や実行カウントなど、スクイズを行うタイミングがどうか、しっかり踏まえる。

また、偽装が3塁走者と打者にもきちんと伝わっていないと、成功しないばかりか、**3塁走者が封殺される可能性もあるので注意する。**

効くツボ
1. 3塁走者は出過ぎない
2. 捕手は2塁送球がしにくい
3. 野手も3塁走者に気を取られる

効くツボ 1

3塁走者は出過ぎない程度にスタート

ベンチから偽装スクイズのサインが出たら、3塁走者は実際のスクイズと同様、投手がモーションを起こした瞬間にスタートを切る。ただし、出過ぎてしまうと、捕手は2塁に送球せず、3塁にボールが送られ、アウトになる可能性があるので、気をつける。

効くツボ 2

捕手は2塁へ送球しにくいと心得る

相手チームが偽装スクイズであることに気がつかなければ、捕手が真っ先に見るのは3塁走者。そして、帰塁したのを確認してから、2塁に送球するので、その分タイミングが遅れ、1塁走者の単独スチールは成功しやすくなる。スクイズを偽装する意図はここにある。

効くツボ 3

野手も3塁走者に気を取られると心得る

相手チームが偽装スクイズでの単独スチールであることに気がついても、まだダブルスチールの可能性が残る。2塁ベースカバーに入った野手は、どうしても3塁走者の動向に気が取られてしまう分、たとえばタッチが甘くなるので、単独盗塁が成功しやすくなる。

やってみよう
3塁走者はスタート練習を
偽装スクイズでの単独盗塁を成功させるには、3塁走者の動き方がポイントになる。アウトにならないためにも、偽装スクイズでのスタート練習をしておこう。

できないときはここをチェック ☑
スクイズ失敗が偽装と見破られると、この戦術は成功しない。とくに3塁走者の動き方がどうだったか、チェックしてみる。

コツ No.**30** ▶ 1塁3塁での戦術・
ディレードスチールによるダブルスチール

わざと1塁走者が挟まれて
その間に3塁走者が本塁を狙う

コレが直る 偽装挟殺プレーのあいだに得点することができる。

挟殺プレーにした方が得策の場合は実行する

　ダブルスチールを仕掛けたいが、捕手の送球能力が優れていて、二遊間の選手も守備が堅い場合がある。そのときは、**1塁走者が意図的にディレードスチールを行って挟殺プレーにもち込み、その間に3塁走者が本塁を狙う**、という戦術が有効だ。とくに相手が左投手なら偽装がしやすい。

　挟まれた1塁走者はできるだけ粘り、3塁走者がタイミングよくスタートを切り、得点できるようにサポートをする。

効くツボ
1. 左投手の方が偽装しやすい
2. 3塁走者はスタートがポイント
3. 2死ならば、本塁を狙いやすい

効くツボ 1

モーションを盗みにくい左投手の方が偽装しやすい

ディレードスチールによる挟殺プレーの偽装は、右投手よりも左投手の方が実行しやすい。なぜなら、モーションが盗みにくいため、捕手が返球するあいだに行うディレードスチールを仕掛けるのは自然な方法だからだ。けん制が上手な左投手のときは試してみよう。

効くツボ 2

3塁走者はスタートのタイミングの見極めが重要

1塁走者が偽装挟殺プレーにもち込んだら、3塁走者は大きく出る。そして、挟殺プレーをしっかり見ながら、スタートのタイミングを見極める。たとえば、ボールをもって走者を追う野手が、体を切り返さなければ本塁へ投げられないときが、本塁を狙う好機である。

効くツボ 3

アウトカウントが2死ならば、本塁を狙いやすい

この戦術は、アウトカウントが2死であると、3塁走者は本塁を狙いやすい。無死や1死の場合は、得点を阻止するため、相手の3塁走者のマークは厳しくなるが、2死の場合は、1塁走者のアウトが優先される。マークがゆるくなる分、本塁が狙いやすくなるのだ。

やってみよう
簡単にアウトにならない

ランダウンプレーの練習は、野手のためだけではない。走者になった選手も、挟まれたときに、簡単にアウトにならないよう、練習をしておこう。こうした積み重ねが、当該の戦術でも役に立つ。

できないときはここをチェック ☑

この戦術で得点できるかどうかは、3塁走者のスタートにかかっている。タイミングが正しかったかどうか、チェックしてみよう。

コツ No.31 ▶無死あるいは1死1塁3塁での戦術・ヒット&ラン

1塁走者と打者とで行い
3塁走者は打球判断を慌てずに

コレが直る　走者1塁3塁の場面でのヒット&ランを成功させて、得点できる。

打者は積極的な意識をもつ

　1塁3塁でのヒット&ランは、無死か1死で行い、**打者と1塁ランナーとのあいだで行う**。したがって、サインは打者と1塁走者のみに出される。

　打者は、通常のヒット&ラン同様に、進塁打を打って2塁3塁にするという、消極的な意識ではなく、あくまでもヒットを狙って、強い打球を打つ。

　一方、**3塁走者は打球が抜けてからスタートしても、十分に生還できる**ので、1塁走者のスタートに惑わされずに、落ち着いて打球判断を行う。

効くツボ
1. ヒットゾーンが広がりやすい
2. 打者はヒットが狙いやすい
3. 1塁走者はライナーに注意

複数の走者が出塁しているときの戦術

効くツボ 1

1、2塁間と三遊間が広がり、ヒットになりやすい

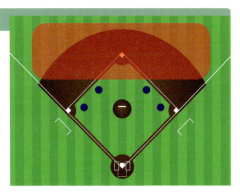

この場面、無死であれば、内野は前進守備の陣形をとるため、ヒットゾーンが広がった状態で、サインが出せる。また1死であっても、1塁走者がスタートすると、二塁手か遊撃手がベースカバーに入るので、1、2塁間と三遊間が広がり、ヒットになる確率が高くなる。

効くツボ 2

打者は広がったゾーンを狙って、強い打球を打つ

効くツボ1で述べた通り、1、3塁でのヒット&ランでは、打者はヒットを狙いやすい。したがって、相手守備陣形によって空いたヒットゾーンを狙って、強い打球を打つ。ゴロを打って1塁走者を進めればいい、という消極的な意識はもたないようにする。

効くツボ 3

1塁走者はライナーで飛び出さない

1塁走者は、打者が打った瞬間に2塁へ向かう。素早くスタートを切るのは大事だが、スタートが早過ぎるのも注意。打球がフライなら帰塁するが、ライナーのときは帰塁することができない。1塁走者は打者のインパクトや打球の行方を確認する。

やってみよう
日頃から広いゾーンを意識
日頃の打撃練習の段階から、広がったゾーンをイメージして、狙って打つ練習をしてみよう。チーム打撃をしっかり練習しておかないと、戦術を成功させることができない。

できないときはここをチェック ✓
しっかり振り切って、強い打球を打たなければならない打者のスイングが、中途半端でなかったかどうかをチェックしてみる。

コツ No.**32** ▶無死あるいは1死2塁3塁での戦術・
2ランスクイズ

難度が高い戦術なので
実行するときは状況を見極める

> **コレが直る** 難度が高い2ランスクイズを成功させて、チームに勢いをつける。

レベルが上がるにつれて難度が高くなる

走者2塁3塁での2ランスクイズは、決まれば一気にチームを勢いづかせることができる。派手な印象も与える戦術であるが、実際はリスクが高く、なかなか決まりにくい。また、レベルが上がるにつれて、難度が高くなる。

そのため、**相手が前進守備の陣形を取り、2塁走者が大きなリードオフを取りやすい場合に実行**するのがベター。

ただし2塁走者は、スキがあれば、いつでも本塁を狙う姿勢をもつようにする。

効くツボ
1. サインプレーの方がベター
2. 必ず三塁手に捕らせる
3. 2塁走者は自重する判断も必要

効くツボ 1

個人の判断よりも、サインプレーの方がベター

2塁走者は3塁到達で満足することなく、少しでもスキがあればホームを狙う意識が必要だ。しかし、せっかく3塁に進んだ2塁走者が本塁でアウトになると、引き続きの好機を失うことになるので、個人の判断でなく、ベンチからにサインで行う方がベターである。

効くツボ 2

必ず三塁手に捕らせるバントをする

ランスクイズでは、打者は必ず3塁側にバントを転がし、三塁手が1塁へ送球するあいだに、2塁走者は本塁を狙う。投手正面の打球になったり、殺し過ぎて捕手に処理されてしまうと、2ランスクイズが成功しないばかりでなく、3塁走者がアウトになる可能性もある。

効くツボ 3

無理をしないで自重する判断も必要

ランスクイズのサインが出たら、2塁走者は第2リードを大きくとり、基本的に本塁を目指す。ただし、突入してもアウトになる確率が高いと思ったら、サインプレーであっても、個人の判断で自重する。1死あるいは2死3塁として、次の自軍の攻撃につなぐ。

やってみよう
練習で体に染み込ませる

スキがあれば次の塁を狙う積極的な走塁は、いきなり試合でやろうとしても難しい。練習の段階からそうした走塁を心がけ、体に染み込ませておくようにしよう。

できないときはここをチェック ☑

2塁走者が本塁でアウトになったときは、どのような根拠があって、自重せずに本塁へ突入したのか、チェックしてみる。

コツ No.**33** ▶ 無死あるいは1死2塁3塁での戦術・走者の状況判断（1）

リードオフを大きくとれるので内野ゴロならスタートを切る

> **コレが直る** 走者2塁3塁で内野ゴロの場合でも積極的な走塁で得点できる。

内野ゴロでも各塁にとどまらない

1死あるいは無死で、走者が2塁3塁のときは、ほとんどの場合、3塁走者の生還を阻止しようと、相手内野陣は前進守備を敷いてくる。すると、**3塁走者、2塁走者ともに、大きな第2リードをとりやすくなるので、次の塁が狙いやすくなる。**したがって、内野ゴロであっても各塁でとどまらず、次の塁を目指す。

ただし、この戦術は、個人の判断ではなく、ベンチからのサインで。その方が思い切った走塁ができる。

効くツボ
1. 走者へのマークがゆるくなる
2. サインなら、思い切って走れる
3. 3塁走者は挟まれる必要もあり

複数の走者が出塁しているときの戦術

効くツボ 1

走者に対する野手のマークがゆるくなる

無死あるいは1死2塁3塁では、得点を防ぐために、相手野手が前進守備を敷き、かつ、打者だけに集中することが多い。競った試合の後半では、まずこのような形になる。そうなると、走者へのマークがゆるくなるので、思い切ったリードオフをとることができる。

効くツボ 2

サインプレーなら、思い切った走塁ができる

判断を選手に委ねるのもひとつの戦術である。だが、走者2塁3塁で内野ゴロの場合、無理して進塁しなくてもいいので、積極的な走塁ができない選手もいる。しかし、ゴロGOのサインを出せば、ベンチの責任のもとで走れるので、誰もが思い切った走塁ができる。

効くツボ 3

3塁走者は、挟殺プレーにもち込む必要もあり

ゴロGOのサインが出たら、走者は無条件にスタートを切る。しかし、本塁に向かった3塁走者が、明らかにアウトのタイミングであれば、そのまま進むのではなく、ランダウンプレーにもち込む必要もある。3塁走者が挟まれているあいだに、打者走者は2塁に進む。

やってみよう
積極的な走塁を心がける

2塁走者は、得点圏のランナーである。チームはホームに戻って来るのを待っている。2塁走者になったら、必ずホームインする意識をもって、積極的な走塁を心がけよう。

できないときはここをチェック ☑

ゴロGOのサインのときは躊躇なく、思い切って走るのが鉄則である。走塁が中途半端でなかったかどうかチェックしてみる。

コツ No.**34** ▶ 無死あるいは1死2塁3塁での戦術・走者の状況判断(2)

2塁走者は積極性に加えて打球判断の精度がポイント

コレが直る　2塁走者が生還するために必要な積極性と判断力が理解できる。

打球をしっかり判断できれば、得点につながる

3塁走者も2塁走者も得点圏のランナーである。ただ、前者が1ヒットで確実に生還できるのに対し、2塁走者は必ずしもそうとは限らない。

だが、それでも得点圏の走者ゆえ、2塁走者には、1ヒットでの生還が期待される。そのために**求められるのが、ひとつは積極性**だ。2塁走者は必ずホームを踏む意識を強くもたなければならない。そして、**もうひとつが打球の判断力**。その精度が高いほど、得点できる確率も高くなる。

効くツボ
1. 大きな外野飛球はタッチアップ
2. 3塁走者の判断を確認する
3. ライナーは抜けてからスタート

効くツボ 1

大きな外野フライのときは、基本的にタッチアップ

外野への深いフライのときは、抜けたのを確認してからでもホームインできる。そのため、基本的にハーフウエイではなく、タッチアップを行う。外野手が捕球したら3塁へスタートするが、その前に、3塁走者がタッチアップの構えをしているかどうか、必ず確認をする。

効くツボ 2

3塁走者がどんな判断をしたか確認する

たとえば、さほど大きくない外野フライのとき。足に自信がある2塁走者がタッチアップをしようとしても、足が速くない3塁走者が自重しているケースもある。積極性は大事だが、前のランナーである3塁走者の兼ねあいがあるので、どんな判断をしたか、常に確認する。

効くツボ 3

ライナーのときは、必ず抜けてからスタートを切る

ヒットでホームインしたいという気持ちが先行し過ぎると、ライナーバックに対応できないときがある。足に自信がある走者も、その傾向がある。ダブルプレーになると、試合の流れまでも渡しかねないので、打球がライナーの場合は、必ず抜けてからスタートを切る。

やってみよう

一朝一夕では身につかない

打球判断力は、一朝一夕に身に付けることができない。たとえば、打撃練習で2塁走者になったときも、実戦と同じ意識で、打球判断を行ってみよう。その積み重ねが試合で生きる。

できないときはここをチェック ☑

無死あるいは1死2塁3塁のときの2塁走者には、基本的な走塁のセオリーがある。そもそもそれを把握していたかどうか、チェックしてみる。

コツ No.35 ▶無死あるいは1死満塁での戦術・ヒッティング

打者はあくまでも前向きに最高の場面での打席ととらえる

コレが直る 絶好のチャンスのときに、前向きな気持ちで打席に向かえる。

重圧を感じ過ぎると好結果は生まれない

　無死や1死満塁は絶好のチャンスである。打席に向かう打者には、ベンチから最悪でも1点という期待がかかる。また、戦術が立てにくい無死では、打者に任せられることが多い。

　だが、それがプレッシャーになってしまうのか、無得点で終わることも少なくない。

　確かに他の場面以上に重圧がかかるが、それを感じ過ぎては好結果は生まれない。**打者は最高の場面で打順が回ってきたと前向きに**とらえ、思い切りのいい打撃で、ヒットを狙う。

効くツボ
1. 前進守備でヒットゾーンは広がる
2. リラックスすることも必要
3. 前の打者の凡退を引きずらない

効くツボ 1

相手が前進守備ならば、ヒットゾーンは広がる

無死や1死満塁では、相手の内野陣は、バックホームに備えるため、前進守備を敷いてくることが多い。打者からすると、速い打球が抜けやすくなるなど、ヒットゾーンが広がった状態で打席に入れるので、それもひとつのアドバンテージと考えるようにしたい。

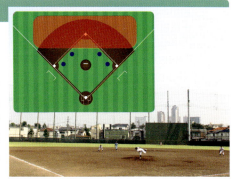

効くツボ 2

最悪犠牲フライで、という楽な気持ちも必要

無死や1死満塁の絶好機では、重圧を感じずに、前向きな気持ちで打席に入ることが重要だ。ただ、あまりにも気持ちが勝ち過ぎてしまうと、体に余分な力が入るので、本来の打撃ができなくなる。力んで打たないよう、最悪犠牲フライで、という楽な気持ちも必要だ。

効くツボ 3

前の打者が凡退しても、次打者は切り替える

無死や1死満塁では、最低でも1点という雰囲気になるため、凡打に終わると、他の場面以上に、自軍ベンチの落胆は大きい。だが、まだ1死あるいは2死満塁と、場面は引き続き好機である。次打者は落胆ムードに流されず、気持ちをリセットして、打席に入る。

やってみよう
メンタル面を強化

絶好機で力を出し切れるかどうかは、技術もさることながら、メンタルによるところも大きい。どんな場面でもふだんの打撃ができるよう、メンタル面を強化しておこう。

できないときはここをチェック ✓

絶好機での打席では、前向きな気持ちと、リラックスする気持ちのバランスが大事。気合いが空回りして、力んでいなかったかどうかチェックする。

コツ No.36 ▶無死あるいは1死満塁での戦術・スクイズ
満塁でも条件が揃っていれば スクイズで1点を取りにいく

> **コレが直る** 満塁でスクイズを行うときのポイントが理解できる。

どうしても1点が欲しい局面で実行

無死や1死満塁ではフォースプレーになるため、戦術が立てにくい。一般的に、打者に任せるケースがほとんどである。

だが、どうしても1点が欲しい局面では、スクイズを行うこともある。**ただし、実行するのは、相手チームが無警戒など、条件が揃っている時**。満塁ではスクイズの難度が高くなるので状況を見極めて。

また、投手前に転がすと、ダブルプレーになる可能性もあるので、**三塁手に捕らせるのが基本だ。**

効くツボ
1. 相手が無警戒かどうか見極める
2. 左投手ならスタートを切りやすい
3. バントが得意な選手のときに実行

複数の走者が出塁しているときの戦術

効くツボ 1

相手チームが無警戒かどうか見極める

無死や1死満塁では、スクイズを行う可能性はとても低い。強行してヒットで得点できれば、そこから大量点につながることもあるからだ。そのため、相手チームのスクイズへの警戒も薄れる。全くの無警戒なら、成功する確率が高くなるので、しっかり見極める。

効くツボ 2

相手が左投手ならスタートが切りやすい

右投手と比べると左投手の方が、スクイズは実行しやすい。なぜなら、3塁走者を背にして投げるので、スタートしたのが見えないからだ。これに対して右投手は、能力が高ければ、3塁走者のスタートが見えたら、モーションの途中からでも外すことができる。

効くツボ 3

バントが得意な選手のときに実行する

満塁でのスクイズは、本塁がフォースプレーになる。そのため、たとえ外されたとしても、ただ転がしただけでは、アウトになる確率が高い。この場面では、高度なバント技術が求められるのだ。したがって、バントを得意とする選手のときに実行するのがベターである。

やってみよう
まれなケースでも練習を

満塁でのスクイズは、実践する可能性が低い戦術だが、いきなり試合で実行しても成功しにくい。この戦術に限らず、まれにしか行わない戦術であっても、練習はしっかりやっておこう。

できないときはここをチェック ☑

「相手が無警戒」「左投手」「バントが得意な打者」という3つの条件が揃ったうえでスクイズを実行したか、チェックしてみること。

コツ No.**37** ▶無死あるいは1死満塁での戦術・走者の状況判断

判断が難しい1塁、2塁走者は視野を広く持つようにする

コレが直る 満塁時に1塁、2塁の走者が的確に状況を判断することができる。

打球判断をしながら前の走者を見る

無死あるいは1死満塁のとき、走者で状況判断が難しいのは、1塁走者と2塁走者である。

なぜかというと、自分の前にランナーがいるからだ。自分の意志だけでは先の塁に進むことはできないので、**1塁走者と2塁走者は、打球判断をしながら、前の走者を見る**。

さらには、相手野手の動きも見なければいけないので、1塁、2塁走者は、**的確な判断をするための、広い視野を持つ**ことが求められる。

効くツボ
1. 打球、野手、前の走者を見て判断
2. 1塁走者はオーバーランに注意
3. 2塁走者は外野飛球の対応が大事

複数の走者が出塁しているときの戦術

効くツボ 1

打球、相手野手、前の走者の3つを見て判断する

無死あるいは1死満塁では、1塁走者と2塁走者は、ただ積極的に次の塁を目指すだけではいけない。打球が飛んだら、ボールと相手野手の動きを見て、どこまで進塁できるか考え、走りながら、前の走者の様子をうかがう。そして、そのうえで走塁の判断を行う。

効くツボ 2

1塁走者は、オーバーランでの出過ぎに注意する

無死あるいは1死満塁でヒットが出たとき、起こりやすいのが、1塁走者のオーバーランでの出過ぎである。前の走者は3塁で止まっているにも関わらず、2塁を飛び出し過ぎてしまうと、挟まれる可能性が高い。前の走者の脚力も頭に入れて、出過ぎに注意する。

効くツボ 3

2塁走者は、外野フライの対応がポイント

無死あるいは1死満塁では、前進守備を敷くことが多く、相手野手はけん制に入りにくい。そのため、2塁走者もできるだけリードを大きくとり、ワンヒットでホームを狙う。難しいのは、外野フライの判断。タッチアップなのか、ハーフウエイなのか、しっかり見極める。

やってみよう

満塁時の走塁練習

走者満塁での走塁練習もしっかりやっておこう。塁が埋まった状況で、前に走者がいる2塁走者と1塁走者は、どのように対応すればいいのか、きちんと把握しておく。

できないときはここをチェック ☑

視野が狭いと、前の走者の動きをきちんと把握できない。ただやみくもに次の塁を狙っていなかったかどうか、チェックしてみる。

知っているとひとつトクをする❸

全国制覇

日本一になるための5つのポイント

どんなチームでも勝つために、大会で優勝するために、日々練習に励んでいる。
究極の目標である日本一を達成するための、5つのポイントがこれだ

RANKING

1 絶対的なエースを作る
野球は投手が占めるウエートが大きい。絶対的なエースがいれば、失点が計算できるので、攻撃の戦術も立てやすく、安定した戦い方ができる。

2 エースと力量が違わぬ2番手を作る
いくら頼れるエースがいても、1人で大会を乗り切るのは難しい。エースと同レベルの2番手を養成するとともに、継投での対応もできるように。

3 守備でミスを犯さない
勝ち進むほどにひとつのエラーが命取りになる。イージーミスは許されない。内野なら二遊間を中心に守りを固め、守備から崩れないチームにする。

4 選手層を厚くする
実力のあるレギュラーが揃っていても、誰かが突然、ケガをすることもある。そのとき、他の選手が代役をしっかり務められるよう準備をしておく。

5 全員が同じ方向を向く
グラウンドで戦う選手だけではない。控え選手はもちろん、メンバー外の選手も勝つために同じ方向を向く。一人でも違う方を向いている選手がいたら、結束力は生まれない。

グラウンドの噂

優勝へのカギとなった継続

2008年、JX-ENEOS（当時は新日本石油ENEOS）は、都市対抗野球において13年ぶり9度目の優勝を飾った。この日本一は、絶対的なエースである田澤純一投手（現・レッドソックス）の活躍抜きには語れないが、大久保秀昭監督が「優勝へのカギとなった」と振り返るのが、JFE東日本との3回戦。この試合、先発投手が42/3回を無失点に抑えた後、2投手を小刻みに投入し、終盤の22/3回は田澤投手が0点に封じ、1対0で勝利。監督の大仕事である継投を、4投手の完封リレーで成功させた。

PART 4

モチベーション、打順、サイン、投手攻略
チームや状況に応じた戦術

選手全員の意思統一と協力がなければ、戦術は成り立たない。
さまざまな状況下で、勝ち続けるには工夫を知る

コツNo. 38 モチベーションを高める
ミスをしてもチャンスを与え
いいプレーは必ずほめる ... 92

コツNo. 39 チーム作り
チームが目指す野球を明確にして
精神的な支柱になる選手を主将にする ... 94

コツNo. 40 打順を決める
打順に適した選手を配置して
つながりのある打線を作る ... 96

コツNo. 41 サインの考え方(1)
先々の展開を予想しながら、
確率の高い戦術をサインで伝える ... 98

コツNo. 42 サインの考え方(2)
サインは選手に分かりやすく、
相手に分かりにくいものにする ... 100

コツNo. 43 サインの出し方(1)
フラッシュとブロックの
2種類のサインを活用する ... 102

コツNo. 44 サインの出し方(2)
アンサーは出さないで
アイコンタクトで確認する ... 104

コツNo. 45 悪天候に対応する戦術
その日の天候状況を把握して
どんなコンディションも利用する ... 106

コツNo. 46 代打起用の戦術
代打で力を発揮する選手を見極め
もっともふさわしい場面で起用する ... 108

コツNo. 47 投手を攻略する戦術(速球投手)
毎回同じスタイルで打たないで
工夫を試みることが大事 ... 110

コツNo. 48 投手を攻略する戦術(変化球投手)
得意球を狙うか見逃すかは
チームで決めるのがベター ... 112

コツNo. 49 投手を攻略する戦術(左投手)
セオリーをあてはめないで
裏付けを踏まえて、選手を起用 ... 114

コツNo. 50 選手交代の戦術
交代のタイミングを見誤らず
適任の選手をリリーフとして送る ... 116

コツ No.38 ▶モチベーションを高める

ミスをしてもチャンスを与え いいプレーは必ずほめる

コレが直る 個々の選手の性格を踏まえたモチベーションの高め方が理解できる。

選手のやる気を引き出すのもひとつの戦術

　もちろん技術は大切だが、野球ではメンタル面がプレーに大きな影響を及ぼす。そして、メンタル面が試合結果を左右することも少なくない。

　メンタル的な要素の中で、とくに重要なのが、モチベーションだ。選手たちのモチベーションが低いと、チームがまとまらないが、**選手一人ひとりのモチベーションが高まれば、自ずとチーム力も高まる。**

　監督やコーチが、性格も踏まえながら、選手のやる気を引き出すのもひとつの戦術である。

効くツボ
1. ミスをしてもチャンスを与える
2. よかったプレーは必ずほめる
3. 誰しも試合に出たいと心得る

チームや状況に応じた戦術

効くツボ 1

選手がミスをしても
必ずチャンスを与える

ミスをしたとき、強く叱責したり、すぐに交代させると、選手は、萎縮したり、クサってしまう。だが、ミスをしたことは、当人が一番よくわかっている。また、ミスを取り返したい気持ちも強いので、監督は何も言わずにもう一度、チャンスを与えるようにする。

効くツボ 2

よかったプレーは
必ずほめる

選手がいいプレーしたときは、必ず言葉に出してほめるようにする。ほめられれば、モチベーションが上がるし、「監督に見てもらっている」という思いが励みにもなる。ただし、あまりほめない方が力を発揮する選手もいるので、性格をしっかり見極めるようにする。

効くツボ 3

選手は誰しも試合に
出たいと心得る

選手なら誰しも試合に出たい。試合に出ることが、最大のモチベーションになるので、どんな選手にもチャンスを与えるようにする。また、何度かミスを犯し、試合途中で交代させたとしても、次の試合は外さないで、スタメンで起用し、名誉挽回の機会を与える。

やってみよう

選手の性格をつかむ

ほめた方がモチベーションが高まる選手もいれば、強く叱った方が「負けてたまるか」とモチベーションが高まる選手もいる。まずは選手の性格をつかんでみることが大切だ。

できないときはここをチェック ☑

選手がミスをしたとき、感情に流されて叱責すると、逆効果になる。冷静さを欠いていなかったかどうかチェックしてみる。

コツ No. **39** ▶チーム作り

チームが目指す野球を明確にして
精神的な支柱になる選手を主将にする

コレが直る チーム作りを進めていくためのポイントが理解できる。

精神的な要素も
チーム作りには欠かせない

　チーム作りのうえで土台になるのは、監督のビジョン。現状の戦力を踏まえながら、方向性を確立させる必要がある。たとえば、守り勝つチームを目指すのであれば、まず、バッテリー、二遊間、センターから成る「センターライン」を固める。また、チーム作りに必要不可欠なのが、精神的要素だ。精神的な支柱である主将の存在も欠かせないし、野球以外のことへの取り組みも大事。いずれも目に見えない力ではあるが、チームにとって大きな力となる。

効くツボ
1. 主将が監督の意図を実践
2. 野球以外の取り組みも大事
3. 適性を見極め適所で起用

効くツボ 1

監督の意図を実践できる選手を主将にする

チーム作りをするうえで絶対に不可欠なのが、主将であり、副主将だ。監督が目指す野球をグラウンドで体現し、チームをけん引していく。ネガティブになっている選手に適切な声をかける役割も担う両者は、グラウンド内外で目配り、気配りが利く選手がふさわしい。

効くツボ 2

野球以外のこともきちんと取り組む

試合に勝てるチームになるには、野球以外の取り組みも必要だ。たとえば、合宿所をきれいに掃除する、用具をきちんと手入れするなど。こうした心がけは、野球とは直接関係はないように思えるが、実はつながっていて、ここ一番で大きく作用することもある。

効くツボ 3

選手の適性を見極め適所で起用する

チームの中には、長距離打者もいれば、様々なポジションをこなせるユーティリティプレーヤーもいるし、走りのスペシャリストもと、いろいろタイプがいる。監督はそれぞれのもち味が違うことを理解し、短所を修正するよりは長所を伸ばし、適所で起用する。

やってみよう
強いチームは整理上手

強いチームは合宿所などの清掃が行き届き、用具などの整理整頓もきちんとなされている。勝ちたいのであれば、こうした身の回りの細かいこともきちんとやるようにしよう。

できないときはここをチェック ✓

監督が目指す野球と、現状の選手とのギャップが大きいと、監督のみならず、選手にとってもストレスになる。そうなっていないかチェックする。

コツNo. **40** ▶打順を決める

打順に適した選手を配置して つながりのある打線を作る

> 💡 **コレが 直る** チームにとってベストの打順を決めるポイントが理解できる。

選手には居心地がいい打順が あることも考慮

打順決めは、監督にとって重要な仕事である。選手のタイプや状態を見極めたうえで、適した打順に配置できれば、打線がつながっていく。**選手側からすると、居心地がいい打順がある**ので、こうした点も考慮に入れる。

あえて9番に強打の選手を起用するなど、打順にはいろいろな考え方があるが、大事なのは、**最初に決める打順が何番なのか、明確にすること**。それができれば、後の打順が決めやすくなる。

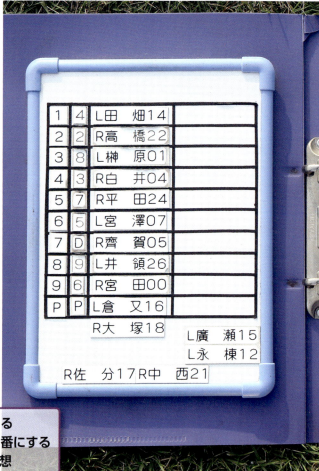

効くツボ
1. 最初に4番打者を決める
2. 長打も打てる選手を1番にする
3. 打順は固定するのが理想

96

チームや状況に応じた戦術

効くツボ 1

最初に決めるのは4番打者

打順を決めるとき、最初に決めたいのが4番打者。3番最強説もあるが、4番打者は攻撃面において、そのチームの顔であり、ポイントゲッターであるからだ。4番が誰か確定したら、4番を挟む3番と5番を誰にするか決め、まずはクリーンナップを固める。

効くツボ 2

長打も打てる1番なら打線が活性化

1番にはボールをしっかり選んで、出塁することが求められる。ただ、初回に先頭打者がいきなり長打を飛ばせば、チームに勢いを与える。足が速くて小技が上手な選手を1番に置く考え方もあるが、3番を打てる力がある選手を1番に据えれば、打線が活性化する。

効くツボ 3

打順は固定するのが理想

毎試合同じスタメンで戦えれば、相手には安定感があるチームに映る。また、戦術も立てやすいので、打順は固定するのが理想である。だが、その一方で、チーム内で競争することも必要なので、練習試合では頻繁に入れ替えを行い、そのうえで固定するのがベターだ。

やってみよう

いろいろな打順の経験を

思い込みはもたないで、紅白戦や練習試合では、選手になるべくいろいろな打順を経験させてみる。そしてそのうえで、何番ならもっとも力を発揮できるか、見極めてみよう。

できないときはここをチェック ☑

この選手は何番タイプと決めつけてしまうと、チームにとって最善な打順にすることができない。そうなっていなかったかチェックしてみる。

コツ No.41 ▶サインの考え方(1)
先々の展開を予想しながら、確率の高い戦術をサインで伝える

> **コレが直る** サインの本質が理解できて、的確なサインが出せる。

次はこうなると、決めつけないようにする

その場面において、一番適切な戦術を伝えるための手段がサインである。これが正解というものはないが、相手や味方の力量など、様々な要素を踏まえて、**もっとも成功確率が高い戦術を選択する**。また、サインは、その場限りのものではない。次につながるので、サインを出すときは、**先々の展開を予想することも大事**だ。

ただし、野球には筋書きはない。サインを出す者は、ケースバイケースで、柔軟に対応することも重要だ。

効くツボ
1. 成功確率が高い戦術を選択
2. 流れを踏まえて臨機応変に対応
3. 選手はサインの意図を理解する

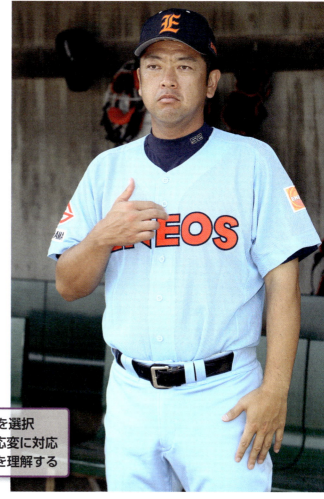

効くツボ 1

"正解はない"と認識して、成功確率を重視する

戦術にはいくつも選択肢がある。したがって、戦術を伝えるサインには、"これが正解"というものはない。重視すべきは確率だ。思い込みは捨てて、客観的に状況を分析し、そのうえで、もっとも成功確率が高い戦術を選択する。捕手の配球に似ているともいえよう。

効くツボ 2

次はこうと決めつけず、試合の流れに臨機応変に対応

サインを出すときは、ある程度、試合の展開を読むことが大事である。サインはその局面で完了するものではなく、次の局面につながってくるからだ。ただし野球は、描いた筋書き通りには進まない。試合の流れに応じて、臨機応変に対応できる柔軟さも要求される。

効くツボ 3

サインを実行する選手は、その意図をしっかり理解する

サインを実行する選手は、サインをきちんと覚えて、見落とさないようにするのも大事だが、もっと大事なのが、サインの意図を理解すること。ただサインを実行するだけでなく、サインの意味や狙いが何であるか把握することが、チーム競技である野球では重要になる。

やってみよう
シュミレーションをする

サインを出す監督やコーチは、どんな試合展開になっても対応できなければならない。その準備として、試合前にいろいろな戦術パターンをシュミレーションしてみよう。

できないときはここをチェック ☑

サインが機能しなかったときは、試合後、独りよがりでなかったか、あるいは選手の調子や状態に合っていたか、1つずつ振り返ってみる。

コツ No.42 ▶サインの考え方(2)
サインは選手に分かりやすく、相手に分かりにくいものにする

> 💡 **コレが 直る** 受け手である選手に配慮した、ミスのないサインがわかる。

サインは受け手である選手に配慮したものにする

　監督が選手に、戦術をスムーズに伝えてこそ、サインだ。したがって、まず選手がわかりやすいものでなければならない。サインが複雑過ぎたり、サインの種類が多過ぎると、選手が覚えきれず、試合でのサインミスにもつながる。つまり、受け手である**選手に配慮したサインでなければ、サイン本来の目的が果たせない。**

　しかし、相手にサインを見破られてはいけない。自チームにはわかりやすく、対戦チームにはわかりにくいものがベストだ。

効くツボ
1. 選手から見やすいところに立つ
2. サインを出すときは淡々と出す
3. サインは極力少なくシンプルに

効くツボ 1

選手から全身が見えるようにして、いつも同じ立ち位置から出す

サインを出す監督やコーチがベンチの奥にいては、サインがわかりにくい。グラウンドの選手から、全身が見える位置に立つようにしよう。加えて、いつも同じ場所からサインを出すようにすると、選手のサイン確認がよりスムーズになり、出す側も落ち着いて出せる。

効くツボ 2

サインを出すときは、表情を変えないようにする

たとえば、スクイズのサインを出したとき。どうしても決めてほしいと思えば思うほど、表情や仕草に表れるもの。しかしそれでは、相手に気付かれるので、どんなサインであっても、ポーカーフェイスを心がけ、感情に流されないで、いつも淡々と出すようにする。

効くツボ 3

サインの数が少ない方が、選手は動きやすい

サインの数が多過ぎたり、複雑過ぎたりすると、いざ実行のとき、選手が間違える可能性が高まる。またサインの確認のために、タイムを取ることも増えてしまう。選手が本来のプレーができなくなっては本末転倒なので、サインは極力少なく、そしてシンプルにする。

やってみよう　わかりやすいか鏡で確認

サインは選手に正しく伝わってこそ、サインとなる。鏡に自分の姿を映して、サインが選手からはどう見えるか、それが選手にわかりやすいかどうか、確認してみよう。

できないときはここをチェック ☑

サインを出すことに酔ってしまって、戦術を伝えるためのサインではなく、ポーズ本位のサインになっていないか、チェックしてみる。

コツ No.**43** ▶サインの出し方(1)

フラッシュとブロックの2種類のサインを活用する

> **コレが 直る** フラッシュ、ブロックの2種類の方法で、サインが出せる。

シンプルなフラッシュは見破られないように

サインの種類は大きく2つ。「フラッシュサイン」と「ブロックサイン」だ。ともにサインのパターンは際限がない。

タッチしたところでサインが決まる「フラッシュサイン」はシンプルなので、最初のタッチなのか、それとも最後なのか等、相手に見破られないためにどうするかが、ポイントになる。

一方、「ブロックサイン」は**キーがどこなのか決める**のが約束事。たとえば、キーの次に触ったところを実行サインとする。

効くツボ
1. フラッシュは触れたら即サイン
2. ブロックはキーサインがポイント
3. 見破られたと感じたらキーを変更

チームや状況に応じた戦術

効くツボ 1
フラッシュサインは、触れたところがサインになる

タッチしたところがサインになるフラッシュサインは、シンプルでわかりやすいサインではある。しかし、その名の通り、サインが出るのが一瞬のため、打者はもちろん、走者も見落とさないように注意するともに、出す側もタイミングを見計らって出す。

効くツボ 2
ブロックサインは、キーと実行サインを決める

実行サインに加え、キーと呼ばれるサインがあるのがブロックサインの特徴。写真はキーであるベルトの次に触れたところがサインのブロックサイン。最初のポーズはダミーで、キーの次にスクイズの実行サインである腕に触れたから、サインはスクイズとなる。

効くツボ 3
試合の流れを変えたいときは、キーを変えてみる

試合の流れを変えたいとき、あるいは、相手にサインが見破られていると感じたら、ブロックサインのキーを変えてみよう。キーが変わったとしても、サインのパターンは同じなので、変更になったキーの箇所さえ、選手が把握しておけば、サインを間違えることもない。

やってみよう
選手の特徴を踏まえる

サインを出すときは、打席の選手がバントが得意かどうかなど、選手の特徴を踏まえる。そのうえで、その局面にあったもっとも有効な戦術が何なのか、判断する。

できないときはここをチェック ✓

サインがきちんと伝わっていないときは、出し間違えている可能性もあるので、どんなサインを出していたか周囲に確認してみる。

コツ No.**44** ▶サインの出し方(2)

アンサーは出さないで
アイコンタクトで確認する

コレが直る サインのスムーズな伝達と確認ができる。試合時間を無駄に使わない。

アンサーの確認はときに好機に水を差す

サインが出たとき、たとえば帽子やヘルメットのツバに手をあてるなどして、了解のサインを送るのもひとつの方法だ。

だが、こうしたアンサーのサインを作ると、**アンサーのサインを忘れた場合、サインを見ていたかどうか、タイムをとって確認しなければならない。**

これでは、せっかくの好機に水を差すことにもなるし、試合時間を無駄使いすることにもなる。サインのアンサーはアイコンタクトで、簡潔に素早く行う。

効くツボ
1. アンサーのサインは作らない
2. 打者はまず、走者の確認を見届ける
3. 打者の確認は捕手が返球するあいだに

チームや状況に応じた戦術

効くツボ 1

確認に時間がかかる
アンサーのサインは作らない

サインを見たかどうか確認するのは大切だが、アンサーのサインを作ってしまうと、たとえば満塁の場合、走者を含めると、4人の選手のアンサーを確認しなければならない。つまり、アンサーのサインは確実な手段ではあるものの、その確認に時間がかかるのだ。

効くツボ 2

打者はサインを見る前に、
まず走者の確認を見届ける

走者がいる場合、打者は自分がサインを見る前に、走者がサインを見ているかどうかを、しっかり見届ける。これは、ベンチから一番遠い2塁走者がいるときは、とくに重要である。走者がサインのアンサーをアイコンタクトで行ったら、打者はサインを見るようにする。

効くツボ 3

打者のサイン確認は、
捕手が投手に返球するあいだに行う

打者がサインを見るのは、インプレーの中で。タイミング的には、捕手が投手に返球するあいだに行う。走者がいるときは、まず走者の確認を見届ける必要があるが、わずかなあいだに行わなければならないので、素早く見届け、自分もすぐにサインを確認する。

やってみよう
アイコンタクトも練習

サインのアンサーをアイコンタクトで行うのは、送る側も受ける側も慣れないと難しい。アイコンタクトでアンサーができるよう、双方ともに練習をしてみよう。

できないときはここをチェック ✓

サインのアンサーをアイコンタクトで行うには、まずしっかりサインを覚えること。何のサインかすぐにわからなければ、素早いアンサーもできない。

コツ No.45 ▶悪天候に対応する戦術
その日の天候状況を把握してどんなコンディションも利用する

 コレが直る 天候状況に惑わされず、冷静にいつも通りのプレーができる。

たとえ負けても天候のせいにはできない

野球は審判がノーゲームを宣告しない限り、雨が降っていようが、グラウンドがぬかるんでいようが、試合は続く。そして、強風のときでも、雪が舞う日でも、35度を超える猛暑の中でも試合は行われる。相手も全く同じ条件で戦っているので、たとえ負けても、天候のせいにはできない。真夏の試合であれば、こまめにアンダーシャツを着替えて、汗で体が冷えないようにするなど、臨機応変の対応で、**どんな天候状態でもいつも通りのプレーをする。**

効くツボ
1. 打者は追い風の方が打ちやすい
2. 強風のときは、配球を工夫する
3. 雨でぬかるんでいるときに盗塁

チームや状況に応じた戦術

効くツボ 1

打者は追い風の方が打ちやすい

本塁から外野に向かって強い風が吹いているときは、打者が有利だ。たとえば「最低でも犠牲フライ」という場面でも、楽な気持ちで打席に入れる。投手からすると、本塁打を警戒する必要があるが、持ち球の変化球が大きく変化するなど、有利に働く場合もある。

効くツボ 2

強風のときは、配球を工夫する

強風のとき、バッテリーは風が吹いている方向も考慮しながら、配球を組み立てる必要がある。たとえば、強風でレフト方向の打球が伸びる時は、右打者なら外中心の配球で、逆方向に打たせ、左打者であれば、ライト方向は失速するので、引っ張らせる配球をする。

効くツボ 3

雨でぬかるんでいるときにあえてスチール

雨でグラウンドがぬかるんでいるとき、特に土のグラウンドは走りにくい。相手バッテリーの、スチールへの警戒も薄れるので、実はこの状況は盗塁を仕掛ける好機である。ノーマークなのでスタートが切りやすく、捕手もボールがしっかり握れないことがある。

やってみよう
悪天候を想定した練習
試合はいつもベストな天候状態では行われない。降雨や強風など、天候が悪い日に、悪コンディションの中で試合が行われるのを想定した練習をしておこう。

できないときはここをチェック ☑
試合に負けても天候を言い訳にすることはできない。その日の天候をきちんと把握したうえでプレーしていたか、チェックしてみる。

コツ No. **46** ▶代打起用の戦術

代打で力を発揮する選手を見極め
もっともふさわしい場面で起用する

> 💡 **コレが直る** 一打逆転の場面で、成功確率が一番高い代打起用ができる。

集中力に長けた選手が代打に向いている

劣勢の展開のとき、主導権を取り戻すために使われる戦術が代打である。スタメンに代わって起用される代打には、スタメンと同等の打撃力が求められる。

代打に向いている選手とそうでない選手がいるので、その見極めが必要。代打に向いているのは、**集中力や勝負強さに長けている選手**だ。また、複数の代打要員がいるならば、どの場面ならその選手の持ち味が発揮できるか考慮して、**一番ふさわしい場面で起用する。**

効くツボ
1. 代打には早めに準備させる
2. 起用する選手の状態をつかむ
3. 代打率2割5分で合格と認識

チームや状況に応じた戦術

効くツボ 1

代打起用する選手には、早めに準備させる

代打に起用する選手には、いきなり代打起用を告げるのではなく「この選手がこうだったら、次は君が代打」というように、早めに言い渡す。そうすれば、投手とのタイミングを計るなど、初球から振るための準備の時間が作れ、集中力が高めることもできる。

効くツボ 2

起用する選手の状態をつかんでおく

代打は初球のストライクから振っていくのが鉄則だ。これができなければ、いい結果は期待できない。ただ、状態が良くないと、最初のストライクに手が出ないことが多い。これまでの実績にとらわれず、その選手の今現在の状態をつかんだうえで、代打に起用する。

効くツボ 3

代打率2割5分なら合格と認識

代打が起用される場面は、一打逆転など、緊迫感がある場面である。ベンチはもちろん、最高の結果を期待しているが、代打は成功も失敗もある。打者は3割を打てば一流といわれるが、1打席に賭ける代打は、代打率2割5分なら合格と認識する。

やってみよう
ベンチで相手投手を見る
代打要員は起用されたとき、ファーストストライクからしっかり振れなければならない。そのために、ベンチでは相手投手の球種や配球をしっかり見ておこう。

できないときはここをチェック ☑
相手投手と何度も対戦しているなら、きっと相性もあるはず。代打で起用するとき、その相性を考慮したかどうかチェックしてみる。

コツ No.47 ▶投手を攻略する戦術（速球投手）
毎回同じスタイルで打たないで工夫を試みることが大事

 速球投手の速いストレートを打ち込むためのポイントが理解できる。

打ち崩せないときは、明確な指示も必要

一概にはいえないが、速球投手を攻略できないときは、ストレートにタイミングが合っていないことが多い。

このケース、同じ打ち方で打席を重ねても、打ち崩すことができないばかりか、ますます相手投手を乗せてしまう。**前の打席とは違うスタイルで打つなど、工夫を試みることが必要だ。**

また、ベンチは、なかなか打てないと判断したら、待球なのか、それとも、浅いカウントから打つのかなど、明確な指示を出す。

効くツボ
1. ニッ、サンのタイミングで打つ
2. 浅いカウントで、得意球に絞る
3. 中軸打者もバットを短くもつ

効くツボ 1
イチ、ニッ、サンでなく、ニッ、サンのタイミングで打つ

一般的にストレートは、イチ、ニッ、サンのタイミングで打つとされている。だが、このタイミングで振り遅れるのであれば、無駄な動きを無くして、ニッ、サンのタイミングで打つ。個人の判断で行う場合もあるが、チームとして徹底させるのもひとつの戦術だ。

効くツボ 2
浅いカウントで、得意球に的を絞る

得意球以外を狙う戦術もあるが、得意球のストレートを打てば、相手投手の動揺を誘う。ただ、ストライクを先行されると、なかなか手が出ない。調子がいい日はなおさらそうである。したがって、追い込まれてから狙うのではなく、浅いカウントで狙うようにする。

効くツボ 3
中軸打者もふだんよりバットを短くもつ

速いストレートを打つには、打席での立ち位置や、バットのもち方を変えてみることも必要だ。クリーンナップを打つ選手も、気持ちを柔軟にして、いつもよりバットの握りを余してみる。中軸もそうした姿勢を見せれば、チームが相手投手攻略に一体となれる。

やってみよう
スタイルを変えて練習

いつも同じスタイルで打つのではなく、ふだんの打撃練習の段階から、打席での立ち位置を変えたり、バットを短く持つなどして、速球投手対策をしておこう。

できないときはここをチェック ☑

速球投手に抑え込まれた試合は、みな同じパターンで打ち取られていることがある。そうでなかったかをチェックしてみる。

コツ No.**48** ▶投手を攻略する戦術（変化球投手）

得意球を狙うか見逃すかはチームで決めるのがベター

 様々な変化球投手を打ち崩すためのポイントが理解できる。

ベンチから大まかな方向性を示す

　一口に変化球投手といっても、スライダーなど曲がるボールを得意とする投手もいれば、フォークなど落ちるボールを駆使する投手もいるし、いろいろな球種を織り交ぜてくる投手もいて、タイプは様々である。

　ただベンチは、どんなタイプであれ、その日の状態をよく見極め、**相手の勝負球を狙うのか、それともあえて捨てて、他の球種を狙うのか、大まかな方向性を示す必要がある**。方向性があった方が、選手は迷いなく打てる。

効くツボ
1. 反対方向に打つのが基本
2. 見逃すときは、高低なども指示
3. アドバイスはヒントにとどめる

チームや状況に応じた戦術

効くツボ 1

変化球を狙う場合は、反対方向に打つのが基本

球種に関わらず、変化球を打つときは、逆らわないで、反対方向に打つのが基本である。その方がボールを長く見ることができるので、ボールの変化を見極めやすい。ただし、カウントによっては、引っ張る打撃を行う。三遊間が空いているときも同様に。

効くツボ 2

見逃すときは、高低なども指示する

相手投手が得意とする変化球は見逃し、他のボールを狙うという方向性を示した時は、高低やコースも合わせて指示するのがベターだ。たとえば、フォークボールの場合、低めに決まると、空振りになる確率が高いが、しっかり落ちないと、打ちやすいボールになる。

効くツボ 3

打ち方の助言は、ヒントにとどめる

どのような形で打っているかは、自分ではわからない。そのため試合中、監督やコーチが、「ここがこうだから、こう打て」とアドバイスをすることは必要だ。だが、あまりにも細かな助言だと、選手が混乱する場合もあるので、打ち方の指導はヒントにとどめる。

やってみよう
後半は選手の技量に任せる

試合を通じて、ベンチから指示をするのではなく、試合前半はチームとしての対策を徹底したら、後半は選手の技量に任せてみよう。監督やコーチは柔軟に考えることも必要だ。

できないときはここをチェック ☑

ベンチが対応策を示したとき、一人でも徹底していなかったら、チームに一体感が生まれない。そうなっていなかったかどうかチェックする。

コツ No.49 ▶投手を攻略する戦術（左投手）

セオリーをあてはめないで裏付けを踏まえて、選手を起用

> **コレが直る** 左投手の苦手意識を克服し、打ち崩すためのポイントが理解できる。

左投手は右打者が苦手だと思い込まない

　一般的に左投手は、右打者が苦手といわれている。これは右打者の方が、左投手よりボールを長く見られるからだ。そのため、左投手との対戦では、右打者を並べるのが、セオリーとなっている。

　だが、これはあくまでも一般論だ。そのまま自チームにあてはまるとは限らない。**左投手は右打者が苦手という思い込みはひとまずなくし、**チームの右打者の、対左投手の成績を調べるなど、**裏付けをとったうえで戦術を考える**ようにする。

効くツボ
1. 左が得意なら、右打者を起用
2. 左が苦手な左投手もいる
3. 左打者は、開きを抑えて打つ

効くツボ 1

左投手が得意なら、右打者を起用

実 力が同程度の右打者と左打者がチームにいる場合、左投手を得意としていて、数字も残しているのであれば、右打者を起用する。右打者は、変化球が多い左投手なら、反対方向に打つことを心がけ、速球投手のときは振り遅れないよう、センター返しに徹する。

効くツボ 2

左打者が苦手な左投手がいることも心得る

右 打者が必ずしも左投手を得意としないように、一般的に有利とされる左打者を苦手とする左投手もいる。右打者のインサイドには放れても、左には投げにくいなど、理由は様々だが、左投手と対戦するときは、こうしたことも踏まえて戦術を立てるようにする。

効くツボ 3

左打者は、開きを抑えて丁寧に打つ

左 打者が左投手を相手とするとき、とくにインサイドに対しては、始動を早くしなければならないため、開きが早くなる傾向にある。だが早く開くと、外に逃げて行くボールには、対応できない。左打者が左投手と対戦するときは、開きを我慢しながら丁寧に打つ。

やってみよう
苦手意識をもたない

右が得意か、左が得意かは、選手自身がそう思い込んでいるだけの場合もある。打者だけでなく投手も、まずは右か左かで、苦手意識を持たないことから始めてみよう。

できないときはここをチェック ☑

左投手と対戦する前に、チームの各打者の、右左別の成績を把握していた上で打線を組んだかどうか、チェックしてみる。

コツ No.50 ▶選手交代の戦術

交代のタイミングを見誤らず
適任の選手をリリーフとして送る

> **コレが直る** ピンチの場面や、いかなる場面でも的確な選手交代ができる。

投手交代の失敗は直接の敗因となりうる

絶対的なエースがいても、いつも完投はできない。そのため、ベンチは交代時期を見極め、2番手、3番手へとつないでいく必要がある。このとき捕手に先発投手の状態を聞くのも、ひとつの方法だ。

中継ぎに要求されるのは、微妙なコントロールよりも、**腕をしっかり振って投げること。一方、抑え投手には、勢いと制球力が求められる。**

失敗したら直接の敗因となる投手交代は、もっとも難しい戦術のひとつである。

効くツボ
1. 交代のシミュレーションを行う
2. リリーフには早めに準備をさせる
3. イニングの頭からの交代がベスト

効くツボ 1

試合前に、選手交代の
シミュレーションをしておく

試合はなかなか意のままには進まない。予期せぬことの連続である。それでも、試合前も、試合中も、監督は先々の展開を読みながら、投手交代のシミュレーションをしておく必要がある。そうすれば、準備不十分の投手をいきなりリリーフに送ることもなくなる。

効くツボ 2

リリーフには
早めに準備をさせる

リリーフ投手はたいていの場合、緊迫した場面でマウンドに立つ。そんな中でベストな投球をするには、気持ちの部分も含めてしっかりした準備が必要だ。いきなりリリーフを告げることがないよう、捕手に確認するなどして、マウンドの投手の状態を把握しておく。

効くツボ 3

イニングの頭から
マウンドに送るのがベスト

実際はどうしても走者を背負っての登板が多くなるが、リリーフ投手はイニングの頭からマウンドに送るのがベストである。また、打者が右か左かを踏まえて、リリーフを起用する場合もあるが、左対左の対決を避け、相手が右の代打を起用することも想定しておく。

やってみよう
投手の能力や性格を観察
投手の能力や球スタイル、あるいは性格などをしっかり観察し、そのうえで、合っているのは、先発なのか、中継ぎなのか、それとも抑えなのか、見極めてみよう。

できないときはここをチェック ☑
代打同様に、選手を交代する場合は、そのときの調子をきちんと把握しておかなければならない。リリーフ失敗の原因がそこになかったかチェックする。

わかるようでわからない
野球用語

主にTVやラジオの野球中継、雑誌、新聞などで取り上げられた野球用語を選び出して、まとめてみた。
この中で意味のわかる用語はいくつあるだろうか？
全てわかれば、知識を得るだけでなく、野球のプレーにも役立つ

1. フィルダースチョイス

野手選択。内野ゴロが転がった場面で塁間の走者をアウトにしようとして失敗し、さらに打者走者もアウトにできなかったミスプレー。

2. インフィールドフライ

無死あるいは1死で走者が1塁もしくは1塁2塁、1塁3塁、満塁の場面で、内野手が普通の守備をすれば捕球できるもの。審判がインフィールドフライを宣告すると打者は捕球される前にアウトになる。

3. ピックオフプレー

投手が走者を見ずに、捕手や野手のサインでけん制球を送ること。

4. クロスプレー

接戦。両チームで追いつ追われつの展開をしている試合。一方のチームが終始優位で、緊迫したシーンもないまま終わる試合はワンサイドゲーム。

5. ピッチドアウト

ウエストボール。ヒットエンドランや盗塁、スクイズを警戒する投手が故意にストライクゾーンから外して投げるボール。

6. インターフェア

守備妨害・打撃妨害。相手選手のプレーを妨げる反則。打者と捕手の接触は捕手の反則。打球と走者の接触は走者の反則。走者と野手の接触は走者の反則。

7. パスボール

捕手が誤って投球を後ろに逸らしてしまうミスプレー。

8. ワイルドピッチ

暴投。捕手がキャッチできないところまでそれた投手の投球で、走者を進塁させてしまうこと。

9. セーブポイント

プロ野球でつく記録。リードしているときに登板し、①逆転か同点にされそうなピンチに救援してリードを守りきるか、②3イニング以上投げた救援投手の一人に与えられる。現在は廃止されている。

10. ホールド

中継ぎ投手に与えられるポイント。以下のうちのどれかを満たすことが条件。①3点以内リードの場面で登板、1イニング以上登板する ②2打者に連続ホームランで同点または逆転になる場面で登板、③単にリードをしている場面で3イニング以上投げ、リードを守りきる。

11. バスター

バントの構えから普通のバッティングに切り換えること。

12. プルヒッター

球種、コースに関わらず力でボールを引っ張るバッティングをするヒッターのこと。

13. エバース

バントの構えからバットを引いて投球を見送ること。

14. ディレードスチール

走者が通常よりスタートを遅らせ、投手の投球間以外に盗塁すること。

15. リードオフマン

一番打者、トップバッターのこと。

16. イリーガルピッチ

反則投球。投手が投球板に触れずに投げたり、打者の虚を突く投球をしたりすること。走者がいるとボーク。

野球　最強の戦術
試合で勝てる走打のコツ

すべての「コツ」と「ツボ」を一覧にしてみました。
ここに、野球の戦術が凝縮されています。
ひととおり読み終えたら、切り取っても持ち歩きましょう。
練習や試合に向かうときに、いつでも見返すことができます。

PART1　無走者、走者1塁の場面での戦術

コツNo.01　いたずらに待球せずに積極的に最初のストライクに対応　P12		
効くツボ1	初球から「待て」のサインは出さない	
効くツボ2	打つのはあくまでも自分の狙い球だけ	
効くツボ3	制球が悪い投手なら、ゾーンを絞る	

コツNo.02　クロスゲームの後半ではセフティやプッシュバントを試みる　P14		
効くツボ1	成功しやすいゾーンに転がす	
効くツボ2	相手野手の反応を頭に入れる	
効くツボ3	構えだけでも効果がある	

コツNo.03　打席での立ち位置を変え工夫をすることで投手を攻略　P16		
効くツボ1	打席の大きさを最大限に活用	
効くツボ2	立ち位置を変えて揺さぶる	
効くツボ3	全員同じ位置に立たない	

コツNo.04　走者を進める送りバントは主導権を握るための手堅い戦術　P18		
効くツボ1	送りバントは成功確率が高い	
効くツボ2	中軸であってもサインは出す	
効くツボ3	調子が良くても送りに徹する	

コツNo.05　送りバントを初球で決めればチームに勢いとリズムが生まれる　P20		
効くツボ1	バントは腕ではなくヒザで行う	
効くツボ2	1塁方向に転がす	
効くツボ3	初球をあえて見逃す戦術もあり	

コツNo.06　リスクが高いヒット&ランは競った試合の後半で用いる　P22		
効くツボ1	ストライクが予測できるときに実行	
効くツボ2	空いたスペースを狙って打つ	
効くツボ3	あくまでもヒットを狙う	

コツNo.07 ラン&ヒットは選手間で実行 走者と打者とのアイコンタクトで P24	効くツボ 1	走者は打者の打撃をしっかり見る
	効くツボ 2	打者は走者のスタートを確認する
	効くツボ 3	打者はレイトスイングでサポート

コツNo.08 送りバントのサインには バスター対応も含ませる P26	効くツボ 1	バントシフトにはバスターで対応
	効くツボ 2	バスターでは打球をコントロール
	効くツボ 3	バスター&ランは、絶対に転がす

コツNo.09 盗塁は意図をもって走れ 成否の結果は問わない P28	効くツボ 1	足の速い選手は走る意欲をもつ
	効くツボ 2	クセを盗んで、スタートを早く
	効くツボ 3	スピードを落とさずに滑る

コツNo.10 投手を揺さぶりながら 1つでも先の塁を目指す P30	効くツボ 1	大きなリードで投手を揺さぶる
	効くツボ 2	誰もがワンヒットで3塁を狙う
	効くツボ 3	長打が出たら、必ずホームに還る

PART2 走者2塁、もしくは3塁での戦術

コツNo.11 ボール気味でもバントし 強めに3塁方向へ転がす P34	効くツボ 1	投手によって角度を変える
	効くツボ 2	殺さずに転がすようにする
	効くツボ 3	ケースによっては1塁方向へ

コツNo.12 走者は飛び出しに気をつけ スタートを早くする P36	効くツボ 1	ボールになる変化球に注意
	効くツボ 2	打者のバント技術を確認
	効くツボ 3	脚力があれば飛び出したらGO

コツNo.13 多用する戦術ではないが バントが得意な打者のときは有効 P38	効くツボ 1	リスクが大きいと心得る
	効くツボ 2	本来は無死1塁2塁での戦術
	効くツボ 3	バントが苦手な打者のときも有効

コツNo.14 進塁打はゴロでOKではなく あくまでもヒットを狙う P40	効くツボ 1	右打者は反対方向を狙う
	効くツボ 2	左打者は1、2塁間を抜く
	効くツボ 3	右打者は無理な体勢で打たない

コツNo.15 成功確率100%の根拠があれば 選手の判断で実行する P42	効くツボ 1	三盗する素振りは見せない
	効くツボ 2	実行を決めたら、すかさず走る
	効くツボ 3	相手投手のクセをつかむ

コツNo.	タイトル		効くツボ	内容
16	2塁走者は視野を広くして ワンヒットでホームへ還る	P44	効くツボ 1	2塁に達したら、状況を確認
			効くツボ 2	ライナーバックを頭に入れる
			効くツボ 3	投ゴロで飛び出さない
17	スクイズはリスクが大きく デメリットも生じる戦術と心得る	P46	効くツボ 1	決めるのは難しいと心得る
			効くツボ 2	成否の影響が大きいと心得る
			効くツボ 3	前半での実行を見直してみる
18	スクイズは試合終盤の 何とか1点が欲しい場面で実行	P48	効くツボ 1	外されても投前に転がさない
			効くツボ 2	3走は投手が踏み出したらGO
			効くツボ 3	3バントスクイズは難しい
19	犠牲フライは引きつけて ボールに負けずに反対方向へ打つ	P50	効くツボ 1	フライではなく、強い打球を打つ
			効くツボ 2	低めではなく、ベルト付近を狙う
			効くツボ 3	野手が後なら内野ゴロでもOK
20	ゴロGOかゴロストップか 選手の判断ではなくベンチの指示で	P52	効くツボ 1	1点が欲しいときはゴロGO
			効くツボ 2	ゴロGOでは打った瞬間に走る
			効くツボ 3	リードしているときはストップ

PART3 複数の走者が出塁しているときの戦術

コツNo.	タイトル		効くツボ	内容
21	打球と前の走者をよく見て 無用な飛び出しに気をつける	P56	効くツボ 1	やみくもに3塁を狙わない
			効くツボ 2	外野飛球の判断は注意深く
			効くツボ 3	2塁走者の脚力を把握する
22	オーバーランを偽装して ランダウンプレーのあいだに得点	P58	効くツボ 1	選手の一瞬の判断で行う
			効くツボ 2	ボールの位置を必ず確認
			効くツボ 3	前走はタイミング良くスタート
23	捕手が1塁けん制したときに 2塁走者が3塁を狙う	P60	効くツボ 1	判断力と脚力に長けた選手限定
			効くツボ 2	一塁手の送球能力がポイント
			効くツボ 3	けん制で生じるスキを利用する
24	初球に狙いを定めて 確実に三塁手に捕らせる	P62	効くツボ 1	バントは投手に処理させない
			効くツボ 2	バントは3塁線付近に転がす
			効くツボ 3	シフトによっては様子を見る

コツNo.25 バントシフトを利用して バスターで好機を広げる P64	効くツボ1	極端なシフトはヒットが出やすい
	効くツボ2	最低でもゴロを打つのが鉄則
	効くツボ3	ダッシュされても冷静に打つ
コツNo.26 試合の流れを変えたいときに リスク覚悟のうえで実行する P66	効くツボ1	実行する場面を見誤らない
	効くツボ2	ストライクを予測して実行
	効くツボ3	アグレッシブな姿勢で打つ
コツNo.27 打者はストライクだけを 1塁方向へ転がす P68	効くツボ1	確実に成功させたいときに用いる
	効くツボ2	投手正面なら3塁走者は自重する
	効くツボ3	3塁方向へのセフティもあり
コツNo.28 どうしても1点が欲しくて 打者に期待できないときに行う P70	効くツボ1	3塁走者は第2リードを大きく
	効くツボ2	3塁走者は捕手の送球をよく見る
	効くツボ3	相手捕手の能力を、きちんと把握
コツNo.29 スクイズ失敗を装って 1塁走者が単独盗塁を決める P72	効くツボ1	3塁走者は出過ぎない
	効くツボ2	捕手は2塁送球がしにくい
	効くツボ3	野手も3塁走者に気を取られる
コツNo.30 わざと1塁走者が挟まれて その間に3塁走者が本塁を狙う P74	効くツボ1	左投手の方が偽装しやすい
	効くツボ2	3塁走者はスタートがポイント
	効くツボ3	2死ならば、本塁を狙いやすい
コツNo.31 1塁走者と打者とで行い 3塁走者は打球判断を慌てずに P76	効くツボ1	ヒットゾーンが広がりやすい
	効くツボ2	打者はヒットが狙いやすい
	効くツボ3	1塁走者はライナーに注意
コツNo.32 難度が高い戦術なので 実行するときは状況を見極める P78	効くツボ1	サインプレーの方がベター
	効くツボ2	必ず三塁手に捕らせる
	効くツボ3	2塁走者は自重する判断も必要
コツNo.33 リードオフを大きくとれるので 内野ゴロならスタートを切る P80	効くツボ1	走者へのマークがゆるくなる
	効くツボ2	サインなら、思い切って走れる
	効くツボ3	3塁走者は挟まれる必要もあり
コツNo.34 2塁走者は積極性に加えて 打球判断の精度がポイント P82	効くツボ1	大きな外野飛球はタッチアップ
	効くツボ2	3塁走者の判断を確認する
	効くツボ3	ライナーは抜けてからスタート

コツ No.35 打者はあくまでも前向きに 最高の場面での打席ととらえる P84	効くツボ 1	前進守備でヒットゾーンは広がる
	効くツボ 2	リラックスすることも必要
	効くツボ 3	前の打者の凡退を引きずらない

コツ No.36 満塁でも条件が揃っていれば スクイズで1点を取りにいく P86	効くツボ 1	相手が無警戒かどうか見極める
	効くツボ 2	左投手ならスタートを切りやすい
	効くツボ 3	バントが得意な選手のときに実行

コツ No.37 判断が難しい1塁、2塁走者は 視野を広く持つようにする P88	効くツボ 1	打球、野手、前の走者を見て判断
	効くツボ 2	1塁走者はオーバーランに注意
	効くツボ 3	2塁走者は外野飛球の対応が大事

PART4 チームや状況に応じた戦術

コツ No.38 ミスをしてもチャンスを与え いいプレーは必ずほめる P92	効くツボ 1	ミスをしてもチャンスを与える
	効くツボ 2	よかったプレーは必ずほめる
	効くツボ 3	誰しも試合に出たいと心得る

コツ No.39 チームが目指す野球を明確にして 精神的な支柱になる選手を主将にする P94	効くツボ 1	主将が監督の意図を実践
	効くツボ 2	野球以外の取り組みも大事
	効くツボ 3	適性を見極め適所で起用

コツ No.40 打順に適した選手を配置して つながりのある打線を作る P96	効くツボ 1	最初に4番打者を決める
	効くツボ 2	長打も打てる選手を1番にする
	効くツボ 3	打順は固定するのが理想

コツ No.41 先々の展開を予想しながら、 確率の高い戦術をサインで伝える P98	効くツボ 1	成功確率が高い戦術を選択
	効くツボ 2	流れを踏まえて臨機応変に対応
	効くツボ 3	選手はサインの意図を理解する

コツ No.42 サインは選手に分かりやすく、 相手に分かりにくいものにする P100	効くツボ 1	選手から見やすいところに立つ
	効くツボ 2	サインを出すときは淡々と出す
	効くツボ 3	サインは極力少なくシンプルに

コツ No.43 フラッシュとブロックの 2種類のサインを活用する P102	効くツボ 1	フラッシュは触れたら即サイン
	効くツボ 2	ブロックはキーサインがポイント
	効くツボ 3	見破られたと感じたらキーを変更

コツ No.44 アンサーは出さないでアイコンタクトで確認する P104	効くツボ1	アンサーのサインは作らない
	効くツボ2	打者はまず、走者の確認を見届ける
	効くツボ3	打者の確認は捕手が返球するあいだに

コツ No.45 その日の天候状況を把握してどんなコンディションも利用する P106	効くツボ1	打者は追い風の方が打ちやすい
	効くツボ2	強風のときは、配球を工夫する
	効くツボ3	雨でぬかるんでいるときに盗塁

コツ No.46 代打で力を発揮する選手を見極めもっともふさわしい場面で起用する P108	効くツボ1	代打には早めに準備させる
	効くツボ2	起用する選手の状態をつかむ
	効くツボ3	代打率2割5分で合格と認識

コツ No.47 毎回同じスタイルで打たないで工夫を試みることが大事 P110	効くツボ1	ニッ、サンのタイミングで打つ
	効くツボ2	浅いカウントで、得意球に絞る
	効くツボ3	中軸打者もバットを短くもつ

コツ No.48 得意球を狙うか見逃すかはチームで決めるのがベター P112	効くツボ1	反対方向に打つのが基本
	効くツボ2	見逃すときは、高低なども指示
	効くツボ3	アドバイスはヒントにとどめる

コツ No.49 セオリーをあてはめないで裏付けを踏まえて、選手を起用 P114	効くツボ1	左が得意なら、右打者を起用
	効くツボ2	左が苦手な左投手もいる
	効くツボ3	左打者は、開きを抑えて打つ

コツ No.50 交代のタイミングを見誤らず適任の選手をリリーフとして送る P116	効くツボ1	交代のシミュレーションを行う
	効くツボ2	リリーフには早めに準備をさせる
	効くツボ3	イニングの頭からの交代がベスト

監修

JX-ENEOS 野球部元監督
慶應義塾体育会野球部監督

大久保 秀昭（おおくぼ・ひであき）

1969年7月3日生まれ。神奈川県出身。桐蔭学園高から慶大に進み、4年時には、主将・4番・捕手も務め、東京六大学リーグ春秋連覇に貢献した。大学卒業後、日本石油（現・JX-ENEOS）に入社。93年、95年に都市対抗野球大会優勝に貢献。92年、93年、95年、96年に、捕手として社会人のベストナインに選出された。また96年のアトランタ五輪で銀メダルを獲得するなど、日本代表として多くの国際大会も経験。97年にドラフト6位で近鉄（現・オリックス）に入団したが、右肩を痛めたため、主に代打として活躍した。2001年限りで現役を引退。横浜2軍の湘南シーレックス（当時）のコーチを経て、2005年に新日本石油ENEOS（当時）の監督に就任。第79回（2008年）、第83回（2012年）、第84回（2013年）に監督として史上最多となる3度の都市対抗野球大会優勝を飾る。2015年より、母校である慶大の監督に就任すると、2017年秋、2018年春のリーグ戦において連覇を果たした。2018年7月には大学日本代表を率い、第6回FISU世界大学野球選手権大会2018で金メダルに輝いた。

モデル紹介

（撮影当時のメンバー。すでに現役引退）

16 倉又　啓輔
投手・左投左打

18 大塚　椋司
投手・右投右打

27 石岡　諒哉
捕手・右投右打

0 宮田　泰成
内野手・右投右打

4 白井　史弥
内野手・右投右打

9 磯部　泰
内野手・右投右打

14 田畑　秀也
内野手・右投左打

25 石井　大輔
内野手・右投右打

撮影協力：神奈川県野球協会　神奈川審判委員会
坂本勝雄、蒲谷金次